Berlin hat sich zu einem Epizentrum für Kreative und Kulturschaffende entwickelt und ist eine schier unerschöpfliche Quelle der Inspiration. Die komplizierte Geschichte der einst geteilten Stadt zählt zu ihren stärksten Antriebskräften. Dennoch ist das Leben in der Metropole geprägt vom „Hier und Jetzt" und der Dynamik fortwährender Entwicklung. Künstler aus aller Welt kommen in die Stadt, um diese Energie aufzusaugen und Teil des unablässigen Wandels zu werden.

CITIx60 Berlin erkundet die deutsche Hauptstadt unter fünf Aspekten: Architektur, Kunst, Shopping, Gastronomie und Nachtleben. Expertentipps von 60 Akteuren der Berliner Kreativszene führen durch das authentische Berlin zu den Hotspots der Stadt.

Inhalt

002   **Vor Abreise**
Basics, Festivals und nützliche Apps

004   **Zähl bis 10**
Was macht Berlin so besonders?

009   **60X60**
60 Kreative X 60 Hotspots
- Denkmäler & Architektur
- Kunst & Kultur
- Märkte & Läden
- Restaurants & Cafés
- Nachtleben

102   **Stadtteilkarten**
60 Hotspots auf einen Blick

112   **Unterkunft**
Hippe Hostels, schicke Apartments & noble Hotels

116   **Notizen**
Leere Seiten für Skizzen und Anmerkungen

Vor Abreise

BASICS

Vorwahlen
Ländervorwahl: +49
Nationale Vorwahl von Berlin: (0)30

NOTRUFNUMMERN

Notarzt & Feuerwehr: 112
Polizei: 110

Diplomatische Vertretungen
Österreich   +49 (0)30 2693 4280
Schweiz   +49 (0)30 390 4000

NÜTZLICHE WEBSITES

Das offizielle Hauptstadtportal
berlin.de/tourismus

Tipps für Veranstaltungen, Gastronomie u.v.m.
mitvergnuegen.com

Die wichtigsten Berliner Stadtmagazine
zitty.de
tip-berlin.de

ANREISE

Mit dem Flugzeug
Flughafen Berlin-Tegel (TXL)
<-> City Ost (Alexanderplatz): Expressbus TXL
alle 5-10 Min., Fahrtdauer ca. 30-40 Min.
<-> City West (Bahnhof Zoo): Expressbus X9
alle 5-10 Min., Fahrtdauer 30-40 Min.
Einzelfahrschein (Tarifbereich AB): € 2,80 / 1,70

Flughafen Berlin-Schönefeld (SXF)
<-> Hauptbahnhof: „Airport Express"
(Regionalbahnen RE7 & RB14)
alle 30 Min., Fahrtdauer ca. 20 Min.
Einzelfahrschein (Tarifbereich ABC): € 3,40 / 2,50

www.berlin-airport.de
Der neue Flughafen Berlin Brandenburg Willy
Brandt (BER) soll Ende 2020 eröffnet werden.

Mit der Bahn
Im zentral gelegenen **Hauptbahnhof** halten
neben Fern- auch Regionalbahnen, und er hat
direkten Anschluss an das Berliner S-Bahn-
Netz. Auch der **Ostbahnhof** im Stadtteil Friedrichshain ist Fern-, Regional- und S-Bahnhof.

Mit dem Bus
Der **Zentrale Omnibusbahnhof (ZOB)** befindet
sich im Westberliner Stadtteil Charlottenburg.
Anbindung an den Nahverkehr: U2 (Kaiser-
damm), S-Bahn (Messe-Nord/ICC) und Busse.

ÖFFENTLICHE VERKEHRSMITTEL

U-Bahn, S-Bahn, Staßenbahn, Bus

BVG (Berliner Verkehrsbetriebe)
www.bvg.de

Einzelfahrschein (Tarifbereich AB / ABC)
€ 2,80 / 3,40
Einzelfahrschein Kurzstrecke (Tarifbereich AB)
€ 1,70

Fahrscheine müssen bei Fahrtantritt entwertet
werden. **Tageskarten** (AB € 7, ABC € 7,70) gelten
am gewählten Tag bis 3 Uhr des Folgetags.

Fahrradverleih per App
nextbike Berlin: *nextbike.de/de/berlin*
Lidl-Bike: *lidl-bike.de/de/staedte/berlin*

Elektro-Roller Sharing per App:
www.emmy-sharing.de
https://joincoup.com

Taxifahren in Berlin: Tarife, Taxizentralen, App
taxi-in-berlin.de

FEIERTAGE

Januar	Neujahr (1.)
März/April	Karfreitag, Ostermontag
Mai	Tag der Arbeit (1.); Christi Himmelfahrt
Mai/Juni	Pfingstmontag
Oktober	Tag der Deutschen Einheit (3.)
Dezember	Erster und zweiter Weihnachts-feiertag (25. / 26.)

FESTIVAL / EVENTS

Januar
Transmediale
www.transmediale.de
Fashion Week (auch im Juli)
www.fashion-week-berlin.com
CTM Festival für experimentelle und
elektronische Musik
www.ctm-festival.de

Februar
Internationale Filmfestspiele Berlin
www.berlinale.de

März
MaerzMusik
www.berlinerfestspiele.de

Mai/Juni
DMY International Design Festival
www.dmy-berlin.com
48 Stunden Neukölln (Kunstfestival)
www.48-stunden-neukoelln.de
Pictoplasma Festival (Character Design)
berlin.pictoplasma.com

August
Internationales Berliner Bierfestival
www.bierfestival-berlin.de
Lange Nacht der Museen
www.lange-nacht-der-museen.de
Pop-Kultur-Festival
pop-kultur.berlin

September
Art Berlin (Kunstmesse, #18)
artberlinfair.com
Berlin Art Week
www.berlinartweek.de

Im zweijährlichen Rhythmus
Berlin Biennale (zeitgenössische Kunst)
www.berlinbiennale.de

Die genauen Termine variieren von Jahr zu
Jahr. Auskunft geben die jeweiligen Websites.

ALTERNATIVE STADTFÜHRUNGEN

Alternative Berlin Tours (in engl. Sprache)
alternativeberlin.com

Kunst- und Kulturführungen
www.artberlin-online.de

Berliner Unterwelten e.V. (#11)
berliner-unterwelten.de

Touren zum Thema Nachhaltigkeit
creative-sustainability-tours-berlin.net/de

Maßgeschneiderte Exkursionen durch die
Berliner Kreativszene (in versch. Sprachen)
goart-berlin.de

Kunst & Architektur abseits etablierter Wege
nicheberlin.de

Streetart entdecken
streetart-fuehrungen.de

SMARTPHONE-APPS

Streetart-Hotspots in Berlin
Berlin Streetart (iOS)

BVG-App „FahrInfo Plus"
Fahrplanauskunft (inkl. barrierefreie
Verbindungen), Handytickets und Standorte
verfügbarer Carsharing-Fahrzeuge

Fahrrad-Routen in Berlin
bbybike (iOS), BBBike (Android)

TRINKGELD

Restaurants/Cafés:
5–10 % des Rechnungsbetrags

Taxi: 10 % des Fahrpreises

Zähl bis 10

Was macht Berlin so besonders?
Illustrationen von Guillaume Kashima alias Funny Fun

Was ist nach Ansicht der Berliner Kreativen ein Muss für Berlinbesucher? Was sollte man auf jeden Fall gesehen, probiert und gelesen haben, was mit nach Hause nehmen? Die graffitibesprühte Metropole bietet für jeden etwas, ob Geschichte, Museen, Vinyl, Bücher, Architektur, vegane Leckereien oder Underground-Clubs.

1

Architektur

Denkmal für die ermordeten Juden Europas
von Peter Eisenman

Reichstagskuppel
von Norman Foster

DZ Bank Berlin (Pariser Platz 3)
von Gehry Partners

Ausstellungsbau des Deutschen Historischen Museums (#4)
von Ieoh Ming Pei

Neue Nationalgalerie
von Ludwig Mies van der Rohe

Berliner Fernsehturm
von Hermann Henselmann

2

Museen & Gedenkstätten

Jüdisches Museum Berlin
www.jmberlin.de

East Side Gallery & Berliner Mauer
www.eastsidegallery-berlin.de

Gedenkstätte und Museum Sachsenhausen
www.stiftung-bg.de/gums/de

DDR Museum
www.ddr-museum.de

Topographie des Terrors
www.topographie.de

Sowjetisches Ehrenmal (#1)
Treptower Park,
Alt-Treptow

3

Streetart

Plattenbauten von Evol
www.evoltaste.com

Blu
blublu.org

ROA
www.flickr.com/people/roagraffiti

Vhils
www.alexandrefarto.com

NELIO
neli0.tumblr.com

Awer
awerart.tumblr.com

SuperBlast
www.superblast.de

Mentalgassi
mentalgassi.blogspot.hk

4

Märkte

Markthalle Neun (#36)
Streetfood & mehr
markthalleneun.de

Trödelmarkt Arkonaplatz (#34)
Antiquitäten, Kunst & Krimskrams
und viele DDR-Produkte

Flohmarkt im Mauerpark
klassischer Flohmarkt
flohmarktimmauerpark.de

Wochenmarkt Boxhagener Platz
Bauernmarkt & mehr
boxhagenerplatz.org

Antik- und Buchmarkt am Bode-Museum (#14)
Antiquitäten & Bücher
www.antik-buchmarkt.de

5

Buch- & Plattenläden

Bücher über Fotografie, Kunst und Architektur
Motto Berlin (#29)

Siebdruck-Comics & mehr
Neurotitan
www.neurotitan.de

Stöbern, blättern & lesen
Do you read me?!
www.doyoureadme.de

Design, Kunst & Architektur
Pro QM
www.pro-qm.de

Antiquariat & Raritäten
Umbras Kuriositätenkabinett
Graefestraße 18, Kreuzberg

Vinyl-Mekka
Hard Wax
Paul-Linke-Ufer 44, Kreuzberg

6

Imbiss

Bockwurst & Räucherfisch
Treptower Park

Currywurst mit Schrippe
Konnopke's Imbiss
www.konnopke-imbiss.de

Jungmasthähnchen
Altberliner Lokal Die Henne
www.henne-berlin.de

Selbstgemachte Gözleme & Lahmacun
Imren Grill
Karl-Marx-Str. 80, Neukölln

Gemüse-Kebab
Mustafa
www.mustafas.de

Club Mate (Winter Edition)
in jedem Spätkauf rund um Weihnachten

7

Veganer Lifestyle

Vegane Pizza
Sfizy Veg
Treptower Str. 95, Neukölln
sfizyveg.com

Vegane Döner & Hamburger
Vöner
Boxhagener Str. 56, Friedrichshain
www.voener.de

Vegane Donuts
Brammibal's Donuts
Maybachufer 8, Neukölln
www.brammibalsdonuts.com

Vegane Cocktails & mehr
Chaostheorie
Schliemannstr. 15, Prenzlauer Berg
www.chaostheorie.berlin

Vegane Mode & Fair Trade
Loveco
Sonntagstr. 29, Friedrichshain
loveco-shop.de

8

Die Nacht zum Tag machen

Watergate
www.water-gate.de

Kater Blau
www.katerblau.de

Tresor
tresorberlin.com

Berghain / Panorama Bar (#49)
berghain.de

Suicide Circus
www.suicide-berlin.com

House of Weekend
houseofweekend.berlin

Arena Club
www.arena.berlin/veranstaltungsort/arena-club/

Chalet
www.chalet-berlin.de

://about blank
www.aboutblank.li

9

Entspannen

Vor einem „Späti" abhängen
Friedrichshain, Neukölln, Kreuzberg

Bootsfahrt auf Spree und Landwehrkanal
Brücken zählen oder Ausflug zum Müggelsee

Spaziergang im Naturpark Schöneberger Südgelände
wilde Natur überwuchert altes Bahnhofsgelände

Schwimmen & Chillen
Liquidrom
www.liquidrom-berlin.de

Sommerpicknick
an einem See, im Wald oder in einer verfallenen Sternwarte

Urban Gardening
prinzessinnengarten.net

10

Souvenirs

Vier Schwarz-Weiß-Passbilder für ein paar Euro
Fotoautomat
www.photoautomat.de

Berliner Stadthonig
www.berlinerhonig.de

Vodka aus Mikro-Destillerie
Our/Berlin (#30)
Am Flutgraben 2, Alt-Treptow

Vintage-Design
rund um den Rosenthaler Platz und die Schönhauser Allee (Mitte)

Berliner Stadtplan von 1948
Berliner Geschichtswerkstatt
www.berliner-geschichtswerkstatt.de

Symbole

 Öffnungszeiten

 Adresse

 Kontakt

Anmerkungen

 Eintritt

 Facebook

 Website

 QR-Codes scannen und per Google Maps die Umgebung erkunden. Dazu ist eine Verbindung zum Internet nötig.

60x60

60 Berliner Kreative x 60 Hotspots

Eindrucksvolle Stadtlandschaften, kleine Gesprächsfetzen – die Inspiration lauert an jeder Ecke! 60x60 zeigt 60 Orte, die 60 Trendsetter am liebsten aufsuchen, wenn sie kreativen Input brauchen.

Denkmäler & Architektur — SPOTS · 01 – 12
Spaziergänge durch Berlin sind eine Reise durch die Geschichte. Monumente, verlassene Gebäude und umfunktionierte Flächen verbinden Gegenwart und Vergangenheit.

Kunst & Kultur — SPOTS · 13 – 24
Die Stadt gleicht einer Galerie, deren Innerstes nach außen gestülpt wurde. Besonders reizvoll sind unkonventionelle Kunst-Orte wie Bunker oder ehemalige Kirchen.

Märkte & Läden — SPOTS · 25 – 36
Flohmärkte sind ein Eldorado für Schatzsucher und Schnäppchenjäger. Wem der Sinn eher nach neuen Designs steht, wird in diversen Concept Stores fündig.

Restaurants & Cafés — SPOTS · 37 – 48
Das gastronomische Angebot Berlins ist unglaublich vielseitig, ob Haute Cuisine, Exotisches aus aller Welt, italienische Klassiker oder deftige Hausmannskost.

Nachtleben — SPOTS · 49 – 60
Die Auswahl scheint täglich größer zu werden. Möchten Sie in einer Mikrobrauerei Bier verkosten oder in einem Underground-Techno-Club die Nacht durchtanzen?

Denkmäler & Architektur

Monumentale Architektur, Bauhaus-Ideen und verlassene Orte

Berlins architektonische und historische Wahrzeichen sind Zeugen einer wechselhaften Geschichte. Einschusslöcher an Gebäuden erinnern daran, dass die Stadt im Zweiten Weltkrieg Schauplatz entscheidender Kämpfe war, und auch die Zeit des Kalten Krieges mitsamt der dazugehörigen militärischen Infrastruktur hat sichtbare Spuren hinterlassen. Gleichzeitig knüpfen neue Bauten an den alten Glanz der Stadt an und formen eine neue Identität. Zahlreiche Museen und Denkmäler informieren über die Vergangenheit. Das Holocaust-Mahnmal (*Cora-Berliner-Str. 1, 10117 Berlin-Mitte*) gedenkt der ermordeten Juden Europas, das Jüdische Museum (*Lindenstr. 9-14, 10969 Berlin-Kreuzberg*) erzählt die Geschichte jüdischen Lebens im deutschsprachigen Raum, die Topographie des Terrors (*Niederkirchnerstr. 8, 10963 Berlin-Kreuzberg*) ist eine Dokumentationsstätte der NS-Verbrechen, außerdem gibt es noch den ehemaligen Flughafen Tempelhof (#7), den Teufelsberg (#10) und das Sowjetische Ehrenmal (#1) im Treptower Park. In Berlin wurde das Bauhaus zwar nicht gegründet, aber die Stadt beherbergt einige frühe Beispiele für den enormen Einfluss dieser Kunstschule, etwa die Gropiusstadt (#6) nach Entwürfen von Walter Gropius und die Neue Nationalgalerie (*Potsdamer Str. 50, 10785 Berlin-Tiergarten*) von Ludwig Mies van der Rohe. Jüngeren Datums ist der 2009 vollendete Wiederaufbau des Neuen Museums (#13) nach Plänen von David Chipperfield. Und der Berliner Fernsehturm (*Panoramastr. 1A, 10178 Berlin-Mitte*) von Hermann Henselmann erlaubt einen fantastischen Rundumblick.

60X60: DENKMÄLER & ARCHITEKTUR

Azar Kazimir
Designer, Michelberger Hotel

Grafikdesigner und Illustrator aus London und Creative Director des Michelberger Hotels.

Spreepark
015

Jan Paul Herzer
Sound Designer, hands on sound

Den Mitgründer und Geschäftsführer der hands on sound GmbH faszinieren Klänge und Kunst generell, spezialisiert hat er sich jedoch auf akustische Szenografie und Markeninszenierung.

Martin Niklas Wieser
Modedesigner

Der Berliner Modedesigner verbindet in seiner Unisex-Kollektion eher klassische Mode mit Sportswear-Details.

Sowjetisches Ehrenmal
014

Bauhaus-Archiv
016

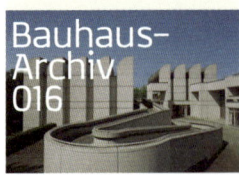

Pret A Diner
Food- & Design-Events

Pret a Diner will Essen zum Lifestyle-Erlebnis machen und setzt neue Maßstäbe in Sachen kulinarische Pop-up-Experience. Hinter dem Projekt stehen der erfahrene Catering-Profi KP Kofler von Kofler & Kompanie und die Künstlerin Olivia Steele.

Corbusier-haus
018

Enrico Bonafede
Grafikdesigner, Mjölk

Der italienische Grafikdesigner lebt seit 2010 in Berlin. Er kocht gerne und ist ein fanatischer Sammler von alten Design-Büchern, Schallplatten und Stadtplänen.

A Nice Idea Every Day
Musikvideo-Regisseure

Vivien Weyrauch und Fabian Röttger drehen Musikvideos unter dem Namen A Nice Idea Every Day.

Deutsches Historisches Museum
017

Gropiusstadt
019

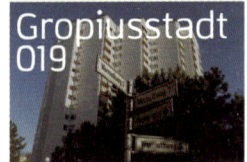

Lisa Rienermann
Künstlerin

Die Autorin, Illustratorin, Fotografin und Grafikerin lebt in Berlin. Sie erklärt Ideen und Sachverhalte gerne in Form von Bildern.

Caroline-von-Humboldt-Weg 022

Eyal Burstein
Künstler

Eyal Burstein kam in Tel Aviv zur Welt, wuchs in London auf und lebt jetzt in Berlin. Seine Arbeit ist eine Symbiose aus Kunst und Design: Mit seinen Objekten will er Grenzen ausloten, wie in seinem Buch *Taxing Art* (2011).

Studio Laucke Siebein
Designbüro

Dirk Laucke und Johanna Siebein arbeiten in Amsterdam und Berlin. Sie sind spezialisiert auf kreative Strategien, dynamische Identitäten und Buchgestaltung.

Tempelhofer Feld 020

Shell-Haus 023

ICE CREAM FOR FREE™
Künstler

Oliver Wiegner leitet seit 2005 das Studio für Design und Illustration ICE CREAM FOR FREE™ im Berliner Stadtteil Kreuzberg.

Berliner Unterwelten 026

Florian Bayer
Illustrator & Verleger

Florian Bayer arbeitet als Illustrator, hält Vorträge, leitet Workshops, gibt Seminare an der Universität, ist Herausgeber von *Shake Your Tree Edition* und gründete den Kleinverlag *Naives & Visionaries*.

Daniel Bolliger
Modefotograf

Der Modefotograf und Art-Direktor stammt aus der Schweiz, aber der Großteil seiner Produktionen entsteht in Berlin. Zurzeit lebt er in NYC, aber für ihn ist Berlin, neben Tokio, die aufregendste Stadt der Welt.

Teufelsberg 024

Schwerbelastungskörper 027

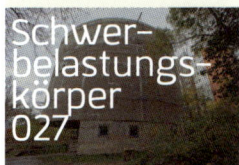

1 Sowjetisches Ehrenmal
Karte L, S. 110

Das sowjetische Kriegsdenkmal im Herzen des Treptower Parks dient über 7.000 sowjetischen Soldaten, die in der Schlacht um Berlin am Ende des Zweiten Weltkriegs ihr Leben verloren, als letzte Ruhestätte. Das zentrale Element der monumentalen Gedenkstätte ist die 12 Meter hohe Bronzestatue eines Soldaten, der schützend ein Kind im Arm hält, während er mit dem Stiefel ein Hakenkreuz zertritt. 16 Sarkophage flankieren das Hauptfeld der Anlage und sind mit historischen Reliefs und Stalin-Zitaten versehen, auf der einen Seite auf Russisch, auf der anderen in deutscher Übersetzung.

🏠 *Treptower Park*
12435 Berlin-Alt-Treptow

„Dieser Ort atmet Geschichte. Das Ehrenmal ist irgendwie nicht so bekannt, ich war hier schon oft ganz alleine."

– Azar Kazimir, Michelberger Hotel

2 Spreepark
Karte L, S. 110

Der Spreepark, der 2001 wegen Insolvenz schließen musste, hieß bis zur Wende noch „VEB Kulturpark Berlin" und war seit seiner Eröffnung im Jahr 1969 der einzige Freizeitpark der DDR. In den vergangenen Jahren war das abgesperrte Areal dem Verfall preisgegeben, doch so mancher ignorierte die Warn- und Verbotsschilder, um das geheimnisvolle Gelände zu erkunden. Mit der Übernahme des Parks durch die landeseigene Grün Berlin GmbH soll hier wieder ein lebendiger Ort mit Raum für urbane Natur, Kunst und Kultur entstehen. Das Riesenrad und einzelne historische Bauten sollen erhalten bleiben, die Planungen sind in vollem Gange.

🏠 *Kiehnwerder Allee 1, Plänterwald 12437 Berlin-Treptow*
🔗 *gruen-berlin.de*

„Viele der alten Fahrgeschäfte und Attraktionen sind noch da, aber verfallen immer mehr. Es herrscht eine eigenartige, sehr inspirierende Atmosphäre."

– Jan Paul Herzer, hands on sound

60X60: DENKMÄLER & ARCHITEKTUR

3 Bauhaus-Archiv
Karte G, S. 107

Die von Walter Gropius gegründete Kunstschule Bauhaus hat die deutsche Ästhetik entscheidend beeinflusst und steht weltweit für Klassische Moderne, Vielfalt und Toleranz. Ungeachtet der 1933 durch die Nationalsozialisten erzwungenen Schließung der Institution, lebten die Ideen des Bauhauses fort. 1961 erhielt das Bauhaus-Archiv sein erstes Domizil in Darmstadt und zog 1971 nach Berlin um. Heute beherbergt es die weltweit größte und umfassendste Sammlung von Malerei, Gebrauchsgrafik, Skulpturen, Möbeln, Keramik, Fotografien und Bühnenwerken des Bauhauses. Zum 100. Gründungsjubiläum 2019 wird das von Gropius entworfene Gebäude denkmalgerecht saniert und um einen Museumsneubau erweitert.

- 10–17 Uhr (Mi–Mo)
- € 8/5
- Klingelhöferstr. 14, 10785 Berlin-Tiergarten
- +49 (0)30 254 0020
- www.bauhaus.de

„Ein echter Meilenstein der Architektur."
– Martin Niklas Wieser

4 Deutsches Historisches Museum
Karte D, S. 105

Das in einem ehemaligen Waffenarsenal (Zeughaus) aus dem 18. Jahrhundert beheimatete Museum gibt anhand von Alltagsobjekten und Bildern einen Überblick über die deutsche Geschichte. Die angrenzende moderne Ausstellungshalle bildet einen reizvollen Kontrast zum barocken Zeughaus und ist das einzige Werk des chinesisch-amerikanischen Architekten I. M. Pei in Berlin. Die Ausstellungshalle erreicht man über den Innenhof, den sogenannten Schlüterhof, benannt nach dem Bildhauer und Architekten Andreas Schlüter (1660–1714).

- 10–18 Uhr (tägl.) € 8/4
- Unter den Linden 2, 10117 B-Mitte
- +49 (0)30 20 3040
- www.dhm.de

„Eine unserer exklusiven Catering-Locations in Berlin!"
– Pret A Diner

5 Corbusierhaus
Karte M, S. 111

Das nach dem Architekten Le Corbusier (1887–1965) benannte Corbusierhaus war die dritte „Wohneinheit" einer Reihe von als „vertikale Stadt" angelegten Hochhäusern, die nach dem Zweiten Weltkrieg gebaut wurden, um dringend benötigten Wohnraum zu schaffen (die erste „Unité d'Habitation" wurde 1952 in Marseille fertiggestellt). Wegen der deutschen Bauvorschriften konnte das Gebäude, das 1957 im Rahmen der Interbau errichtet wurde, aber nicht genau so realisiert werden, wie von Le Corbusier geplant, z. B. beträgt die tatsächliche Raumhöhe 2,50 m, was den 530 Wohnungen extra viel Sonneneinstrahlung verschaffte.

🏠 Flatowallee 16, 14055 Berlin-Charlottenburg
URL www.corbusierhaus-berlin.de
🔗 Führung: corbusierhaus-berlin.org, € 5

„*Ein modulares Utopia. Das Corbusierhaus und das Hansaviertel in Tiergarten sind herausragende Beispiele der Modernen Architektur der 1960er-Jahre.*"
– Enrico Bonafede, Mjölk

6 Gropiusstadt
Karte N, S. 111

„Licht, Luft und Sonne" hatte sich der soziale Wohnungsbau der frühen 1960er-Jahre auf die Fahnen geschrieben. Gropiusstadt war die erste Großwohnsiedlung Berlins. Bauhaus-Gründer Walter Gropius (1883-1969) hatte sich ein ausgewogenes Konzept überlegt, eine Art soziales Utopia: Zentralheizung, Einkaufsmöglichkeiten, Schulen und Gemeinschaftszentren sollten dem südlichen Rand von Neukölln ein modernes Lebensgefühl verleihen. Doch durch den Bau der Mauer 1961 wurde in Westberlin der Raum für neue Häuser knapp, die Gebäude mussten also in die Höhe wachsen. Sie erhielten bis zu 30 Stockwerke – Gropius hatte maximal fünf Geschosse vorgesehen. Der Komplex wurde 1975 fertiggestellt, sechs Jahre nach Gropius' Tod.

🏠 12353 Berlin-Neukölln
🔗 www.qm-gropiusstadt.de

„Einfach irre, geheimnisvoll, beängstigend, schön und total anders als der Rest von Berlin. Vom 30. Stock aus hat man die beste Aussicht über die ganze Stadt."

– A Nice Idea Every Day

60X60: **DENKMÄLER & ARCHITEKTUR**

7 Tempelhofer Feld
Karte H, S.107

Der Flughafen Berlin-Tempelhof war einer der ersten Flughäfen der Welt. Das monumentale Flughafengebäude ist ein klassisches Beispiel für die Architektur des Nationalsozialismus. Im Zweiten Weltkrieg mussten Zwangsarbeiter hier Bomber warten. Während der Berlin-Blockade war Tempelhof elf Monate lang Landeplatz für die Versorgungsflugzeuge der Alliierten. Der Flugbetrieb wurde 2008 eingestellt. Das riesige Parkgelände ist heute eine herrliche Freifläche mitten in der Stadt.

- Sonnauf- bis Sonnenuntergang
- Platz der Luftbrücke 5
- 12107 Berlin-Tempelhof-Schöneberg
- tempelhoferfreiheit.de
- Führungen (€ 15/10/7): 11 Uhr (Mo-Do), 13 und 16 Uhr (Fr), 12 und 15 Uhr (Sa, So), www.thf-berlin.de

„Grillen darf man nur auf drei ausgewiesenen Flächen, die schnell voll sind, aber man kann überall picknicken und hat jede Menge Platz."

– Lisa Rienermann

60X60: DENKMÄLER & ARCHITEKTUR

8 Caroline-von-Humboldt-Weg
Karte B, S. 103

Von den Townhouses, die im Caroline-von-Humboldt-Weg Seite an Seite stehen, hat jedes seinen eigenen Charakter. Sie entsprechen genau dem, was der Berliner Senat sich für das Viertel wünschte: eine Art modernes Dorf im Herzen der Stadt, in dem der Traum vom Eigenheim wahr wird, auch wenn das Ziel, die ca. 450 m² großen Einheiten für je unter einer Million Euro zu bauen, nicht immer eingehalten wurde. Die individuellen Vorlieben der Besitzerinnen und Besitzer spiegeln sich in der Vielfalt der Fassaden wider. Eine Ausweitung des Projekts scheiterte an fehlenden Flächen, aber andere Städte folgen Berlins Beispiel.

🏠 *Caroline-von-Humboldt-Weg
10117 Berlin-Mitte*

„Die Townhouses entstanden zwischen 2005 und 2008. Wo heute die neue Straße verläuft, stand in den 1940er-Jahren die Reichsbank."
– Eyal Burstein

9 Shell-Haus
Karte G, S. 107

Die schlanken Fensterbänder folgen den Wellen der geschwungenen Fassade des Bürohauses, das der Architekt Emil Fahrenkamp (1885–1966) Ende der 1920er-Jahre entwarf. Das 1931 innerhalb von nur zwei Jahren errichtete Gebäude direkt am Landwehrkanal ist ein herausragender Vertreter der Klassischen Moderne und hält viele Überraschungen bereit – von kleinen Details wie eigens angefertigten Fenstergriffen bis zu technischen Innovationen wie Luftschlitzen unter dem Gehweg, durch die weniger vom Verkehr ausgelöste Schwingungen auf das Stahlgerüst übergehen sollten. Ende der 1990er-Jahre wurde das Shell-Haus aufwendig saniert.

🏠 Reichpietschufer 60
10785 Berlin-Tiergarten
URL www.shell-haus.com

„Lustig ist, dass der zwei- und dreidimensionale Effekt des Gebäudes einen immer zum Narren hält, je nachdem, aus welcher Richtung man kommt."
– Studio Laucke Siebein

60X60: DENKMÄLER & ARCHITEKTUR

10 Teufelsberg
Karte O, S. 111

Der 120 m hohe Teufelsberg ist ein nach dem Zweiten Weltkrieg aufgeschütteter Trümmerberg. Unter ihm befinden sich die Überreste der nie vollendeten nationalsozialistischen Wehrtechnischen Fakultät. Zur Zeit des Kalten Krieges nutzten die US-amerikanischen Streitkräfte das Areal für ihre Abhöranlagen. Nach der Wiedervereinigung gab es Pläne für ein Luxus-Hotel, aber der Investor ging bankrott, und auch die geplante Friedens-Uni von Hollywood-Regisseur David Lynch wurde nie gebaut. Zur Besichtigung ist festes Schuhwerk nötig! In den wärmeren Monaten kann man zahlreiche Drachen- und Gleitschirmflieger beobachten, die vom nahen Drachenberg starten.

- 11–16 Uhr (tägl.) € 8/6
- Teufelsseechaussee 10
- 14193 Berlin-Wilmersdorf
- www.teufelsberg-berlin.de
- Führungen: 14 Uhr (Fr), 13 Uhr (Sa, So), € 15/10

„Im schönen Berliner Grunewald stehen seltsam aussehende Gebäude mit spannender Geschichte."
– ICE CREAM FOR FREE™

60X60: DENKMÄLER & ARCHITEKTUR

11 Berliner Unterwelten
Karte I, S.108

Der ehemalige Bunker unter der U-Bahn-Station Gesundbrunnen ist eines der vielen unterirdischen Labyrinthe, die alte Luftschutzbunker, Munitionslager und Fluchtwege über das Netz der U-Bahn-Tunnel miteinander verbinden. Ebenfalls unterirdisch verlief das insgesamt 400 km lange Netz der (pneumatisch betriebenen) Berliner Rohrpost, die bis 1976 genutzt wurde. Führungen zu verschiedenen Themen werden das ganze Jahr über angeboten. Beachten Sie die Hinweise zu Ausrüstung und Bekleidung!

🕐 € *Preise und Uhrzeiten variieren je nach Führung*
🏠 Brunnenstr. 105, 13355 B-Wedding
📞 +49 (0)30 4991 0517
URL berliner-unterwelten.de

„Diese finstere, unterirdische Welt zu sehen und ihre Energie zu spüren ist atemberaubend! Auf keinen Fall verpassen!"
– Daniel Bolliger

12 Schwerbelastungskörper
Karte H, S. 107

Dieser riesige Betonzylinder ist ein weiteres Relikt aus dem Dritten Reich und zeugt vom Größenwahnsinn der nationalsozialistischen Stadtplanung. Albert Speer (1905–1981), Hitlers oberster Architekt, wollte Berlin völlig neu gestalten: Zwei Verkehrsachsen sollten die „Welthauptstadt" durchschneiden, und am Ende der Nord–Süd-Achse sollte sich ein gigantischer Triumphbogen erheben. Mit dem 12.000 Tonnen schweren „Belastungskörper" sollte die Tragfähigkeit des Bodens getestet werden. Der Krieg setzte den Plänen ein Ende, der Bogen wurde nie gebaut. 1995 wurde der Zylinder in die Denkmalliste Berlins aufgenommen.

- Apr.–Okt.: 14–18 Uhr (Di, Mi), 10–18 Uhr (Do), 13–16 Uhr (So)
- General-Pape-Straße 12101 Berlin-Tempelhof-Schöneberg
- +49 (0)30 9 0277 6163
- www.schwerbelastungskoerper.de
- Führung: Berliner Unterwelten e.V. (#11), Tour S, € 6

„Ein bizarres Stück Architektur aus einer bizarren Zeit, mit dem bizarre Leute bizarre Pläne einer Prüfung unterziehen wollten."

– Florian Bayer

Kunst & Kultur

Urban Art, junge Galerien und private Initiativen

Berlin eröffnet kreative Freiräume, wie sie andernorts kaum zu finden sind. Entsprechend vielfältig ist die Kulturszene, die zahllose Künstler, Designer und Galeristen angezogen hat. In der deutschen Hauptstadt ist jede Art von Kunst zu finden, in allen genreüberschreitenden Mischformen, von Gastronomie und Mode bis hin zu Musik und Verlagswesen. Orte wie die Revaler Straße (#21) dienen Street Artists als Open-Air-Galerie, während in der Potsdamer Straße sowohl etablierte als auch neue Galerien angesiedelt sind. Auch in Berlin-Mitte, unweit der Museumsinsel, die seit 1999 zum UNESCO-Weltkulturerbe zählt, ist die Galeriendichte hoch. Nutzen Sie die Gelegenheit, unabhängige Initiativen wie das KW Institute for Contemporary Art (#17) zu besuchen und schauen Sie im Buchstabenmuseum (#19) vorbei, wo Lettern und Schriftzüge bewahrt und dokumentiert werden. Die Sammlung Boros (#22), eine einzigartige Privatsammlung zeitgenössischer Kunst, befindet sich in einem umgebauten Bunker, in dem auch Gründer Christian Boros mit seiner Familie wohnt. Im Spiegelsaal von Clärchens Ballhaus (#46) fühlt man sich auf zauberhafte Weise in die Vergangenheit versetzt. In dem atmosphärischen geschichtsträchtigen Saal finden Veranstaltungen aller Art statt – sonntags zum Beispiel Kammermusik-Konzerte –, zum Teil mit Restaurantbetrieb.

Sissi Goetze
Modedesignerin

Sissi Goetze absolvierte 2010 das Central Saint Martins College in London und konzentrierte sich auf Männermode. Nach ihrer Rückkehr nach Berlin gründete sie 2011 ihr eigenes Label.

Bode-Museum 033

ZWEIDREI
Multidisziplinärer Künstler

Architekt und *young urban professional*. Radikal-konservativer Punk mit Molotow-Cocktail und Krawatte.

Jeongmoon Choi
Künstlerin

Die koreanische Künstlerin pendelt zwischen Berlin und Seoul. Sie bereist mit Vorliebe große Städte und entdeckt gerne andere Architektur, neue Leute und gutes Essen.

Neues Museum 032

Martin-Gropius-Bau 034

Nadine Goepfert
Textildesignerin

Goepferts Arbeit ist wissenschaftlich basiert und konzeptionell aufgebaut. Sie erforscht das weite Feld der Möglichkeiten und interessiert sich besonders für Handwerkskunst und traditionelle Textiltechniken.

Kunstwerke Berlin 037

Tino Seubert
Produktdesigner

Der gebürtige Deutsche studierte in Italien, Frankreich und Großbritannien. In seinen Arbeiten kommen verschiedene visuelle Disziplinen zum Tragen, mit historischen Bezügen zu Orten und Materialien.

Maiko Gubler
Visual Artist

Maiko Gubler arbeitet mit digitaler Bildbearbeitung im Bereich Skulptur und bildliche Darstellung. Die Unbestimmtheit durchmischter Realitäten interessiert sie, und sie empfindet das Virtuelle als real.

MD72 036

art berlin 038

Potipoti
Modelabel & Boutique

Potipoti entstand 2005 aus der Zusammenarbeit zweier Designer, Silvia Salvador und Nando Cornejo. Ihre Philosophie: Brücken zwischen Grafikdesign, Kunst und Mode bauen.

Buchstaben- museum
040

ST. AGNES
042

Li Wolfgang Schiffer
Werbefilmagent und Regisseur

Li Wolfgang Schiffer aus Korea arbeitet als Werbefilmregisseur in Berlin. Seine Firma KytRep vertritt Experten für Musik und Visual Effects in der Film- und Werbebranche.

Ben & Julia
Künstlerduo

2006 taten sich Benoit Créac'h und Julia Gaudard zu Ben & Julia zusammen. Das französisch-schweizerische Künstlerduo arbeitet in den Bereichen Puppenspiel, 2D- und 3D-Animation und Live-Performance.

Revaler Straße
043

Sigurd Larsen
Architekt

Sigurd Larsen kommt aus Dänemark und arbeitet an der Schnittstelle zwischen Architektur, Design und Kunst. In seinen Arbeiten verbindet er die Ästhetik hochwertiger Materialien mit Funktionalität in komplexen Räumen.

Sammlung Boros
044

Ehemalige Jüdische Mädchen- schule
046

Nicky&Max
Fotografin & Foodstylist

Die beiden lernten sich vor ein paar Jahren kennen und starteten einen Blog über Food-Fotografie. Londonerin Nicky ist seit einigen Jahren in Berlin, Max hingegen ein echter Berliner.

Timo Gaessner
Inhaber von Milieu Grotesque

Timo Gaessner studierte an der Gerrit Rietveld Academie in Amsterdam. Er ist Mitgründer (2010) und Co-Geschäftsführer von Milieu Grotesque und designt Schriften.

Galerie Thomas Fischer
047

13 Neues Museum
Karte D, S. 105

Im Zweiten Weltkrieg stark beschädigt, war das Neue Museum über 60 Jahre lang eine Ruine. Das von Friedrich August Stüler (1800–1865) entworfene Museum wurde zwischen 1843 und 1855 errichtet. 2009 konnte der aufwendig renovierte Bau wiedereröffnet werden. Dem Architekten David Chipperfield und seinem Team ist es gelungen, dem Gebäude eine neue Seele zu schenken, ohne das Verlorene zu übertünchen. Das Museum beherbergt das Ägyptische Museum und die Papyrussammlung (einschließlich der Büste der Nofretete), das Museum für Vor- und Frühgeschichte sowie Teile der Antikensammlung.

- 10–18 Uhr (Fr–Mi), –20 Uhr (Do) €14/7
- Bodestr. 1–3, Museumsinsel, Berlin-Mitte
- +49 (0)30 2664 24242 URL neues-museum.de

„Großartig, wie dieses klassizistische Gebäude wiederaufgebaut wurde! Die neuen Teile harmonieren eindrucksvoll mit den erhaltenen Originalbauten."
– Sissi Goetze

14 Bode-Museum
Karte D, S. 104

Das Anfang des 20. Jahrhunderts eröffnete Bode-Museum mit seiner charakteristischen Kuppel steht auf dem nördlichen Zipfel der Museumsinsel und wurde, wie ein Großteil der Stadt, im Zweiten Weltkrieg stark beschädigt. Nach langjähriger Instandsetzung erfolgte 2006 die Wiedereröffnung. Neben dem Museum für Byzantinische Kunst ist vor allem die Skulpturensammlung beliebt, mit Werken vom Mittelalter bis zur Renaissance. Direkt an der Museumsinsel findet am Wochenende (und an manchen Feiertagen) ein schöner Antik- und Buchmarkt statt, je nach Wetterlage von 11 bis 17 Uhr.

- 10–18 Uhr (Di–So), –20 Uhr (Do) € 10/5
- Am Kupfergraben 1, Museumsinsel 10117 Berlin-Mitte
- +49 (0)30 2664 24242 @bodemuseum
- Buchmarkt: www.antik-buchmarkt.de

„Die beste klassische Skulpturensammlung der Stadt."

– ZWEIDREI

60X60: **KUNST & KULTUR**

15 Martin-Gropius-Bau
Karte G, S. 107

Das eindrucksvolle Gebäude vereint Elemente aus Klassizismus und Renaissance. Die ausführenden Architekten waren Martin Gropius (1824–1880, ein Großonkel von Walter Gropius) und Heino Schmieden (1835–1913). Heute ist der Martin-Gropius-Bau ein beliebter Veranstaltungsort, etwa für Ausstellungen aus den Bereichen zeitgenössischer Kunst und Kulturgeschichte, das Theaterfestival oder die MaerzMusik. Das im Zweiten Weltkrieg stark beschädigte Gebäude wurde in den 1970er-Jahren behutsam restauriert.

- 10–19 Uhr (Mi–Mo)
- Eintrittspreise variieren je nach Veranstaltung
- Niederkirchnerstr. 7, 10963 Berlin-Kreuzberg
- +49 (0)30 25 4860
- www.gropiusbau.de

„Am besten vormittags besuchen. Mittags wird es ziemlich voll."

– Jeongmoon Choi

MD72
Karte H, S. 107

Der Indie-Geist der Galerie Neu, einst Sprungbrett für Berlins ungeschliffene und aufstrebende junge Talente wie Kai Althoff und Josephine Pryde, lebt mit MD72 weiter. Der hochmoderne Ausstellungsraum knüpft an die künstlerischen Wurzeln und das architektonische Erbe des Hauptstandortes Linienstraße an, einem ehemaligen ostdeutschen Kraftwerk, das von den renommierten Architekten Kuehn Malvezzi umgebaut wurde. MD72 präsentiert frische, zum Nachdenken anregende Arbeiten aus aller Welt und ist nur für ausgewählte Ausstellungen geöffnet.

- 11–18 Uhr (Do–Sa), oder nach Vereinbarung
- Mehringdamm 72, 10999 Berlin-Kreuzberg
- +49 (0)30 7468 4021
- www.mehringdamm72.de

„Wunderschöner Galerieraum am Viktoriapark."

– Nadine Goepfert

17 Kunst-Werke Berlin
Karte D, S. 105

Die Kunst-Werke (kurz KW) wurden Anfang der 1990er-Jahre von Klaus Biesenbach, heute Direktor des New Yorker MoMA PS1, und einigen jungen Mitstreitern ins Leben gerufen. Die unabhängige Institution war immer wegweisend für Tendenzen der zeitgenössischen Kunst. Unter Biesenbachs Leitung richteten die KW 1998 auch die erste KW Berlin Biennale aus, die 2016 zum 9. Mal stattfand. Neben Ausstellungs- und Veranstaltungsräumen gibt es im Hof ein begehbares Kunstwerk von Dan Graham (Idee) und Johanne Nalbach (Architekt): das Café Bravo.

- *11–19 Uhr (Mi, Fr-Mo), –21 Uhr (Do)*
- *€ 8/6*
- *Auguststr. 69, 10117 Berlin-Mitte*
- *+49 (0)30 243 4590*
- *www.kw-berlin.de, FEED: www.6554.de*

„Die Kunst-Werke zeigen immer gut kuratierte Ausstellungen von oft jungen Künstlern, die noch nicht in zehn anderen großen Museen weltweit zu sehen waren!"

– Tino Seubert

60X60: KUNST & KULTUR

18 art berlin
Karte G, S.107

2008 schlossen sich neun Galeristen zusammen und gründeten die Galerienausstellung „abc art berlin contemporary". 2017 erfolgte die Weiterentwicklung der abc in Gestalt einer Kooperation mit der Art Cologne unter dem Namen art berlin. Die viertägige Kunstmesse präsentierte im September 2017 über 100 nationale und internationale Galerien aus 16 Ländern mit junger sowie etablierter zeitgenössischer Kunst und Kunst der Moderne, einschließlich Talks, Atelierbesuchen und Performances. Ebenfalls im September lockt die Berlin Art Week (2018: 12.–16.09.) mit zahlreichen Ausstellungseröffnungen und Veranstaltungen.

🕐 *(bei Redaktionsschluss noch nicht bekannt)*
🏠 2017: Station am Gleisdreieck, Luckenwalder Str. 4–6, 10963 Berlin
📞 +49 (0)30 7003 8771
URL artberlinfair.com

„Auf der abc-Messe sind meine Lieblingsgalerien vertreten: Kraupa-Tuskany Zeidler, Société und die wunderbare Future Gallery!"
– Maiko Gubler

19 Buchstabenmuseum
Karte F, S. 106

Wer eine Schwäche für Typografie hat, wird sich freuen, dass es in Berlin das passende Museum gibt. Die 2005 von Barbara Dechant und Anja Schulze als private Initiative gestartete Sammlung bewahrt, restauriert und dokumentiert gebaute Buchstaben und Schriftzüge und beleuchtet ihre Hintergrundgeschichte und Herstellung. Die Sammlung umfasst viele Schriftzüge, die einst Fassaden oder Gebäude von Firmen zierten und nach deren Schließung von der Verschrottung bedroht waren, so z. B. die Leuchtschrift „Zierfische".

🕐 13–17 Uhr (Do–So) 💶 € 6.50/3.50
🏠 Stadtbahnbogen 424, 10557 Berlin-Mitte 📞 +49 (0)177 420 1587
🔗 www.buchstabenmuseum.de
📎 (geplante Neueröffnung ist im Frühjahr 2018)

„Im Museum Fotos machen und aus den Buchstaben Sätze bilden ist eine unserer Lieblingsbeschäftigungen. Unser liebster musealer Geheimtipp in Berlin!"

– Potipoti

60X60: **KUNST & KULTUR**

 **St. Agnes**
Karte C, S. 103

Aus dem einstigen Gotteshaus ist ein Tempel der Kunst geworden. Die nach Plänen von Werner Düttmann (1921–1983) 1967 fertiggestellte katholische Kirche fällt durch ihre brutalistische Formensprache auf. Roher Beton und nackter Backstein prägen den monumentalen Bau, der von Anfang an als Gemeindezentrum konzipiert war. Die sinkende Zahl an Gemeindemitgliedern hatte die Entweihung der Kirche zur Folge. Der Galerist Johann König wurde auf das Ensemble aufmerksam, schloss einen Pachtvertrag und ließ es von Architekt Arno Brandlhuber zur Galerie umgestalten.

- 11–18 Uhr (Di–So)
- Alexandrinenstr. 118-121, 10969 B-Kreuzberg
- +49 (0)30 2610 3080
- URL www.st-agnes.net
- KÖNIG GALERIE: www.koeniggalerie.com

„*Ein must-see für alle Kunst- und Architektur-Liebhaber.*"
– Li Wolfgang Schiffer

21 Revaler Straße
Karte A, S. 103

Die 1,2 km lange Revaler Straße im Stadtteil Friedrichshain ist ein Hotspot des Berliner Underground, mit verfallenen Fabrikgebäuden und jeder Menge Street Art. Hinter der Hausnummer 99 verbirgt sich das RAW-Gelände, ein 150 Jahre alter Komplex, der neben alternativen Kulturprojekten auch Cafés, Clubs und Sportstätten beherbergt. Man kann hier vegan essen, Konzerte besuchen, skaten, klettern & tanzen – Kiezkultur pur. Am Abend zieht es viele (Wahl-) Berliner auf die Modersohnbrücke, wo sich, vor allem im Sommer, die Leute treffen, um in den Sonnenuntergang zu feiern.

🏠 *10245 Berlin-Friedrichshain*
🔗 *https://rawcc.org &*
www.urbanspree.com

„Sonntags ist auf dem RAW-Gelände
von 9 bis 17 Uhr Flohmarkt."
– Ben & Julia

22 Sammlung Boros
Karte D, S. 104

Das Besondere an dieser Privatsammlung ist nicht nur, dass sie herausragende zeitgenössische Kunst von den 1990er-Jahren bis heute umfasst, sondern auch, dass sie sich in einem umgebauten Bunker befindet, der dem Kunstmäzen und Medienunternehmer Christian Boros und seiner Frau gehört. Das Ehepaar kuratiert die Werkpräsentationen selbst. In der aktuellen dritten Präsentation, Sammlung Boros #3 (ab 2017), sind unter anderem Kunstwerke und Installationen von Martin Boyce, Guan Xiao und Yngve Holen zu sehen. Die Familie Boros bewohnt das von Jens Casper entworfene Penthouse oben auf dem Bunker.

- 1,5-stündige Führungen (Do–So) € 12/6
- Reinhardtstr. 20, 10117 Berlin-Mitte
- info@sammlung-boros.de
- www.sammlung-boros.de
- Nur nach Voranmeldung über die Website

„Eine Führung muss man 1–2 Monate im Voraus buchen."
– Sigurd Larsen

60X60: KUNST & KULTUR

23 Ehemalige Jüdische Mädchenschule
Karte D, S.105

Berlins erste jüdische Mädchenschule ist ein Werk des bekannten Architekten Alexander Beer (1873–1944) und wurde im Stil der Neuen Sachlichkeit erbaut. Nach der Schließung durch die Nationalsozialisten 1942 wurde die Schule erst im Jahr 2009 wieder an die Jüdische Gemeinde übergeben. Heute beherbergt das behutsam instand gesetzte Gebäude zwei Restaurants, das Museum The Kennedys, das Museum Frieder Burda, die Michael Fuchs Galerie sowie die CWC Gallery.

- (je nach Ausstellung versch. Öffnungszeiten)
- Auguststr. 11–13, 10117 Berlin-Mitte
- info@maedchenschule.org
- www.maedchenschule.org

„Allein schon das unfassbar leckere Pastrami-Sandwich von Paul Mogg ist den Besuch wert! Wenn man vor 12 Uhr da ist, hat man noch gute Chancen auf einen Tisch."
– Nicky&Max

24 Galerie Thomas Fischer
Karte G, S.107

Die Potsdamer Straße ist ein echter Galerien-Hotspot, aber die Galerie Thomas Fischer ist besonders zu empfehlen. Der Namensgeber und Gründer lebt für die Kunst und teilt sein Wissen gerne. Seine Galerie im ersten Stock zeigt medienübergreifende Arbeiten etablierter Künstler und von solchen, die noch zu entdecken sind. Nicht weit entfernt befindet sich die Neue Nationalgalerie von Ludwig Mies van der Rohe, die allerdings mehrere Jahre wegen Sanierungsarbeiten geschlossen ist. Die Wiedereröffnung ist für 2020 geplant.

🕐 11–18 Uhr (Di–Sa)
🏠 Potsdamer Str. 77–87, Haus H
   10785 Berlin-Schöneberg
📞 +49 (0)30 7478 0385
🔗 www.galeriethomasfischer.de

„Verwickeln Sie den Galeristen in ein Gespräch über die Ausstellung! Es lohnt sich!"

– Timo Gaessner, Milieu Grotesque

Märkte & Läden
Flohmärkte, Kunstbuchhandlungen und Concept Stores

Berlin ist zur Vintage-Hauptstadt aufgestiegen. Antiquitäten, antiquarische Bücher, Secondhand-Mode und -Musik, Kunsthandwerk, alte Postkarten und maßgeschneiderte Letterpress-Visitenkarten findet man auf den zahlreichen Flohmärkten der Stadt. In diesem Kapitel und unter Punkt 4 von „Zähl bis 10" stellen wir die Highlights vor. Nicht weniger großartig ist die Auswahl an unabhängigen Kunstbuchhandlungen, in denen Berliner, die den Finger am Puls der Zeit haben, sich mit aktuellen Infos aus der Kunstszene versorgen. In dem einen oder anderen Laden sollten Sie unbedingt vorbeischauen. RAUM Italic (#27) zum Beispiel, Buchladen, Verlag und Grafikbüro, hat sich auf die italienische Kunstszene spezialisiert, während andere den Fokus auf Nischenthemen, Raritäten oder Vergriffenes legen. Es lohnt sich nachzuschauen, welche Ausstellungen, Autoren-Talks und Eröffnungen es gibt, wenn Sie in Berlin sind! Für Freunde nachhaltig produzierter, hochwertiger Haushalts- und Schreibwaren ist ein Besuch bei Manufactum (#31) empfehlenswert. Concept Stores wie Andreas Murkudis (#26) und VooStore (#25) sind die richtige Adresse, um die Couture ansässiger Modedesigner in Augenschein zu nehmen. In der Dudes Factory (#32) sind tolle Grafikdesignprodukte und im Süper Store (#28) exquisite Wohnaccessoires zu bestaunen.

Süper Store, S.056

60X60: **MÄRKTE & LÄDEN**

Fons Hickmann
Gründer, Fons Hickmann m23

Der Grafikdesigner und Autor hat das Berliner Designstudio Fons Hickmann m23 gegründet und ist Professor an der HdK (Hochschule der Künste, Berlin).

Andreas Murkudis 054

Mark Braun
Industriedesigner

Mark Braun führt ein eigenes Designstudio in Berlin, in dem er u. a. Möbel, Leuchtkörper und Geschirr entwirft, z. B. für Authentics und Lobmeyr. Seine Objekte wurden in Galerien wie Saatchi gezeigt.

Robert Hanson
Illustrator

Der freiberufliche Illustrator Robert Hanson kommt aus Großbritannien und lebt seit fünf Jahren in Berlin.

VooStore 052

RAUM Italic (SPAZIO Corsivo) 055

Judith Seng
Künstlerin

Judith Seng untersucht die Kultur unserer Zeit und ihre Manifestationen im Materiellen. Ihre Arbeiten bewegen sich zwischen Forschung, Experiment und der Erschaffung von Objekten und Räumen.

Motto Berlin 057

Eva Gonçalves
Designerin bei Unfinished Inventory

Die portugiesische Kommunikationsdesignerin, Wissenschaftlerin und Autorin Eva Gonçalves gründete mit ein paar Freunden den Salon Renate und den Design-Blog We Celebrate.

Paul Sanders
Event-Agentur

Die Agentur Paul Sanders (Pauline Hoch & Jon D. Sanders) kümmert sich um die Konzeptionierung und Umsetzung von Events sowie um Marketing und Kommunikation. Bis 2016 leiteten sie die Produktion von Our/Vodka in Berlin.

Süper Store 056

Our/Berlin Distillery 058

Ryu Itadani
Künstler

Ryu Itadani ist Maler. Seine Themen sind die Stadt, Objekte und die Natur. Bei seinen Arbeiten sieht er zuerst die Linien, dann die Farben.

Dudes Factory 060

Guillaume Kashima
Künstler

Guillaume Kashima lebt seit knapp zehn Jahren in Berlin. Früher war er verrückt nach der Energie der Club-Szene, aber jetzt, wo er älter geworden ist, mag er es lieber entspannt, und so sind auch seine Empfehlungen.

Michael Rosen
Kurator

Von seiner Agentur Digital in Berlin (D/B) entwickelt, kuratiert und präsentiert Michael Rosen einzigartige Event-Konzepte und Konzerte weltweit.

Manufactum 059

Nowkölln Flowmarkt 061

Björn Andersson
Innenarchitekt

Nachdem er zehn Jahre lang in NYC, Stockholm und Shanghai als Innenarchitekt tätig war, eröffnete er in Berlin das Björn Andersson Studio. Derzeit arbeitet er für Foster + Partners in London.

Flohmarkt Friedrichshagen 064

Siriusmo
Musiker

Siriusmo produziert interessante elektronische Musik!

Veronika Wildgruber
Brillendesignerin

Veronika Wildgruber hat in Italien Produktdesign studiert und danach einige Jahre in Paris und London gearbeitet. 2011 gründete sie in Berlin ihr eigenes Studio: Veronika Wildgruber Eyewear.

Trödelmarkt Arkonaplatz 062

Markthalle Neun 065

60X60: **MÄRKTE & LÄDEN**

25 VooStore
Karte A, S.102

In einem Hinterhof in der Oranienstraße liegt etwas versteckt ein Laden, dessen Produkte einen reizvollen Kontrast zu dem eher wenig schicken Umfeld darstellen. Wo früher ein Schmied seiner Arbeit nachging, präsentiert der VooStore eine raffinierte Auswahl an Haute Couture und Streetwear, außerdem ein ausgesuchtes Sortiment an Accessoires. Der Clou ist das integrierte kleine Café (#38) – und das gut aussehende Personal! Nach dem Shopping lohnt ein Besuch in der dritten Etage des Nachbarhauses, wo das Museum der Dinge (#16) einen Einblick in die Alltagsproduktkultur des 20. Jahrhunderts bietet.

🕐 10–20 Uhr (Mo–Sa)
🏠 Oranienstr. 24
10999 Berlin-Kreuzberg
📞 +49 (0)30 69 5797 2710
URL *www.vooberlin.com*

„Coole Auswahl an hippen und schönen Klamotten und Szene-Magazinen. Ab und zu gibt es eine Vernissage oder Fashion-Events."
– Fons Hickmann

26 Andreas Murkudis
Karte G, S. 107

Die Übergänge zwischen Galerie und Ladengeschäft sind hier fließend. Auf tausend Quadratmetern stellt Andreas Murkudis seine Vorliebe für edle Mode und Wohnaccessoires zur Schau, mit einem Licht- und Einrichtungskonzept des Berliner Architekturbüros Gonzalez Haase. In den weitläufigen, weiß gestrichenen Räumen präsentiert er internationale Designermarken von Haute Couture bis Ready-to-wear. Die sorgsam zusammengestellten Produkte umfassen neben Stücken von Murkudis' Bruder Kostas, einem Modeschöpfer, Design-Objekte von Geschirr bis zu Kinderartikeln.

- 10–20 Uhr (Mo–Sa)
- Potsdamerstr. 81/77 10785 Berlin-Tiergarten
- +49 (0)30 6 8079 8306
- www.andreasmurkudis.com

„Wer sich für Design und Mode interessiert, muss zu Andreas Murkudis. Ein einzigartiger Laden für exklusive, stilvolle Produkte und Kleidung."
– Mark Braun

27 RAUM Italic (SPAZIO Corsivo)
Karte D, S.105

In einer ruhigen Straße im Helmholtzkiez, wo es viele hippe Galerien und Läden gibt, zieht die Buchhandlung RAUM Italic Kunst- und Designinteressierte mit Vorliebe für Italienisches an. RAUM Italic ist Vertriebspartner von Corraini Edizioni (einem unabhängigen italienischen Verlag mit Galerie), bietet eigene Veröffentlichungen an sowie Magazine, Sachbücher und Prosa von Verlagen wie BOLO Paper (Italien) und Lars Müller (Schweiz). Ein Blick auf die Website informiert über aktuelle Neuerscheinungen, aber auch Veranstaltungen wie Ausstellungen oder Workshops.

- 10–18 Uhr (Di–Sa)
- Schliemannstr. 29, 10437 Berlin-Prenzlauer Berg
- +49 (0)30 9405 7665
- www.raumitalic.com

„Für mich die schönste Auswahl an Design- und illustrierten Büchern. Oft finde ich hier überraschende Dinge, die ich sonst nirgendwo gesehen habe."

– Robert Hanson

28 Süper Store
Karte K, S. 109

Wie der Name schon erahnen lässt, bietet dieser Laden eine „super" Auswahl an ausgefallenen Stücken für ein liebevoll eingerichtetes, exquisites Zuhause. Von der eleganten Storchenschere aus dem 19. Jahrhundert über reich verzierte türkische Kupferschalen hin zu schönem Holzspielzeug und Stoffbeuteln mit Süper-Logo offenbart das Sortiment eine Vorliebe für schlichte, erlesene Einrichtungskonzepte. Nebenan in der Bäckerei Back-Art von Andreas und Cordelia Pfanner gibt es Bagels und Kuchen, die zu den besten der Stadt zählen!

- 12–19 Uhr (Di–Fr), 11–18 Uhr (Sa)
- Dieffenbachstr. 12
  10967 Berlin-Kreuzberg
- +49 (0)30 9832 7944
- www.sueper-store.de

„*Ein kleiner Laden mit einem sehr netten Angebot an besonderen Dingen, die einem gleich gefallen und die man unbedingt haben will.*"
– Judith Seng

29 Motto Berlin
Karte A, S.102

Dieses Mekka für Künstler, Designer, Independent-Verlage und Sammler verbirgt sich im Hinterhof eines ehemaligen Fabrikgeländes an der viel befahrenen Skalitzer Straße. Man findet hier Nischenliteratur und originelle Magazine, die von Mainstream-Buchhandlungen vielfach übersehen werden. Außerdem veranstaltet Motto regelmäßig Events zu Neuerscheinungen, Lesungen, Ausstellungen und Talks. Der Kreuzberger Laden hat sich auf Kunst, Fotografie, Typografie und Grafikdesign spezialisiert.

- 12–20 Uhr (Mo–Sa)
- Skalitzer Str. 68
  10997 Berlin–Kreuzberg
- +49 (0)30 4881 6407
- www.mottodistribution.com

„Für einen Besuch bei Motto sollten Sie genügend Zeit und ein paar Extraausgaben einplanen. Wer wissen will, was in der Szene gerade los ist, muss in diesen Laden gehen."

– Eva Gonçalves, Unfinished Inventory

30 Our/Berlin Destillerie
Karte A, S. 103

Die hübschen Glasflaschen, die genauso klar und schnörkellos sind wie die 350 ml Premium-Vodka, den sie enthalten, werden in dieser Mikro-Destillerie befüllt, mit Etiketten versehen und verpackt. Our/Berlin gehört zur globalen Marke Our/Vodka. Aus Berliner Wasser und deutschem Weizen entsteht eine authentische Berliner Spirituose, die für ihren fruchtigen Charakter bekannt ist. Ebenfalls im Sortiment: DIY-Kits zum Infusionieren (mit Tee oder Botanicals). Mit oder ohne Infusion eignet sich der Vodka hervorragend für Cocktails oder Longdrinks und ist auch pur ein Genuss.

- 10–18 Uhr (Mo–Fr)
- Am Flutgraben 2, 12435 Berlin-Alt-Treptow
- +49 (0)30 5360 2227
- ourvodka.com/ourberlin
- Führung: 17:00 (Fr)

„Our/Berlin Vodka wird in Berlin hergestellt und verkörpert die Stadt auf ganz besondere Weise, was ihn zu einem unkonventionellen Geschenk macht."

– Pauline Hoch & Jon D. Sanders, Paul Sanders

31 Manufactum
Karte J, S.108

Für Schriftsteller, Köche, Gärtner und Bohemiens auf der Suche nach gutem Design, traditioneller Handwerkskunst und erstklassigen Materialien ist Manufactum das Paradies. Das siebenstöckige Warenhaus am Ernst-Reuter-Platz führt außergewöhnlich schöne Schreibwaren, Werkzeugklassiker, Haushaltsgegenstände und Spielsachen zu realistischen Preisen. Diese Gegenstände wollen wirklich benutzt werden! Danach lohnt ein Abstecher zu brot&butter: Das kleine Bäckerei-Bistro bietet selbst gebackenes Brot, frischen Kaffee und leichte Gerichte.

🕙 10–20 Uhr (Mo-Fr), –18 Uhr (Sa)
🏠 Hardenbergerstr. 4–5
10623 Berlin-Charlottenburg
📞 +49 (0)30 2403 3844
🔗 www.manufactum.de

„Es macht Spaß, durch dieses Kaufhaus zu schlendern. So viel ‚Made in Germany' auf einmal sieht man selten!"
– Ryu Itadani

Dudes Factory
Karte D, S.105

Die Macher der Dudes Factory sind Überzeugungstäter. Sie haben eine Marke geschaffen, die kreative Ideen und Lifestyle verbindet. Ein ausgesuchtes Netzwerk aus Künstlern, Illustratoren und (Grafik-)Designern, die sich alle durch ihren eigenen kreativen Stil auszeichnen, liefert Input für das Galerie-Laden-Konzept. Regelmäßig finden Kunstprojekte statt, aus denen z.B. Männer- und Frauenkleidung und Skateboard Art hervorgehen. Das Artwork kann man in Form von Sieb-, Holz- oder Digitaldruck (Inhouse) erwerben. Solche Souvenirs sind wirklich ‚Made in Berlin'!

- 12–20 Uhr (Mo-Sa)
- Kastanienallee 87
- 10435 Berlin-Mitte
- +49 (0)30 4000 5899
- www.dudes-factory.com

„Wer nicht das Richtige findet (was ich bezweifle), kann auch einfach einen Print aussuchen und das fertige Exemplar später abholen ... Ja, wie Pizza!"
– Guillaume Kashima

33 Nowkölln Flowmarkt
Karte K, S.109

Dort, wo Kreuzberg auf Neukölln trifft, liegt „Nowkölln". Der dortige Flohmarkt hat sich zu einem gefragten Sommer-Event entwickelt, bei dem interessant gestylte Besuchermassen am Ufer des Landwehrkanals entlangschlendern. Neben Secondhand-Klamotten und altem Geschirr gibt es Tonträger, Handarbeiten und viel Kunst. Frühaufsteher sichern sich die besten Schnäppchen, und am Nachmittag kann man sich mit leckerem Streetfood und Straßenmusik vergnügen. Bei schönem Wetter lohnt sich ein Besuch des Flowmarkts allemal.

 🕙 10–17 Uhr (jeden 1. & 3. Sonntag von Ende März bis Mitte Dezember)
 📍 Maybachufer 31
 12047 Berlin-Neukölln
 URL www.nowkoelln.de

„Jeden Dienstag und Freitag (11–18 Uhr) ist am Maybachufer ‚Türkenmarkt' mit unzähligen Obst- und Gemüseständen und türkischen Spezialitäten."

– Michael Rosen

60X60: **MÄRKTE & LÄDEN**

34 Trödelmarkt Arkonaplatz
Karte D, S. 105

Während der bekannte sonntägliche Flohmarkt im Mauerpark von Secondhand bis Karaoke ein komplettes Unterhaltungsprogramm verspricht, kann man am Arkonaplatz noch echte Schnäppchen machen. Auf dem kleinen Trödelmarkt geht es angenehm ruhig zu. Der beschauliche Markt bietet Antiquitäten, Krimskrams aus den 1950er- und 1960er-Jahren, gut erhaltene, saubere Retro-Mode und auch viele Produkte aus der DDR. Es lohnt sich, früh da zu sein, um die besten Stücke zu ergattern.

🕐 10–16 Uhr (So, ganzjährig)
🏠 Arkonaplatz, 10435 Berlin-Mitte
URL www.troedelmarkt-arkonaplatz.de

„Der perfekte Ort für entspanntes Vintage-Shopping, mit netten Cafés und Eisdielen in direkter Umgebung."

– Björn Andersson

60X60: MÄRKTE & LÄDEN

35 Flohmarkt Friedrichshagen
Karte E, S. 106

Berliner Flohmärkte sind immer ein Erlebnis. Man wandert von Stand zu Stand und von einer Überraschung zur nächsten, allerdings ist das Angebot oft recht touristisch. Da lohnt ein Ausflug nach Friedrichshagen, wo jeden Sonntag direkt am S-Bahnhof Friedrichshagen ein Kunst- und Antiquitätenmarkt stattfindet. Profis stehen hier neben Privatleuten und Hobby-Trödlern, sodass man immer wieder etwas Neues entdecken kann. Die Nähe zum Müggelsee ist ein weiterer Vorteil: Bei schönem Wetter gibt es keinen besseren Ort für ein Picknick.

🕗 8–16 Uhr (So)
🏠 Schöneicher Straße 1
12587 Berlin-Friedrichshagen

„Dieser Markt liegt etwas außerhalb, ist aber der interessanteste unter den Berliner Flohmärkten. Die Leute schleppen alles an, was ihre Keller hergeben."
– Siriusmo

36 Markthalle Neun
Karte A, S. 102

Nachdem die Umwandlung in ein Supermarktcenter abgewendet werden konnte, hat sich die Markthalle Neun als lebendiger Ort im Quartier etabliert. Die 125 Jahre alte historische Markthalle beherbergt unter anderem eine gläserne Bäckerei und Metzgerei, eine hauseigene Brauerei, nachhaltige Spezialitäten aus aller Welt und frische Produkte von landwirtschaftlichen Erzeugern direkt aus der Region. Der Wochenmarkt freitags und samstags hat ein großes Angebot und ist gut besucht. Donnerstag ist Streetfood-Tag, an dem ein bunter Mix aus Gastro-Profis und leidenschaftlichen Amateuren schnelle, bezahlbare internationale Küche jenseits von Döner und Currywurst anbietet.

🕐 Wochenmarkt: 12-18 Uhr (Fr), 10-18 Uhr (Sa), Kantine Neun: 12-18 Uhr (Mo-Do), -21.30 Uhr (Fr, Sa); Street Food: 17-22 Uhr (Do)
🏠 Eisenbahnstr. 42/43, 10997 Berlin-Kreuzberg
URL www.markthalleneun.de

„Freitags und samstags kann man hier gut zu Mittag essen und Donnerstagabend leckeres Streetfood genießen. Regionale Bio-Küche in schöner Atmosphäre."
– Veronika Wildgruber

Bitte
AM TRESEN
bestellen

Öffnungszeiten
MON - FREI 8³⁰ - 19⁰⁰
SAT, SONN + FEIERTAG
10⁰⁰ - 19⁰⁰

Liebe Gäste,
wir sind vom 24.
Dezember bis inklusive
1.1. im Urlaub.
Wir wünschen Euch
einen guten Rutsch.

Restaurants & Cafés

Specialty Coffee, Ethno-Food und ein historisches Tanzlokal

Die Einwandererstadt Berlin zieht nach wie vor Menschen aus aller Welt an, was sich in der kulinarischen Vielfalt der Metropole widerspiegelt. Die Zahl der Türken, Italiener, Spanier, Vietnamesen und Koreaner in Berlin ist mit den Jahren stetig gestiegen und die ihrer Restaurants ebenso. Die multikulturelle gastronomische Landschaft bietet spannende Fusionsküche neben traditioneller Hausmannskost. Lassen Sie sich von der internationalen Crossover-Küche im „Pauly Saal", der stilvoll eingerichteten Turnhalle der Ehemaligen Jüdischen Mädchenschule (#23) und eine der Fine-Dining-Adressen Berlins, oder in Clärchens Ballhaus (#46) inspirieren. Gute deutsche Küche (Spätzle, Schweinebraten, Schnitzel etc.) finden Sie im alteingesessenen „Weltrestaurant Markthalle" (*Pücklerstr. 34, 10997 Berlin-Kreuzberg*) und rustikale Alt-Berliner Küche wird im „Schusterjungen" (*Danziger Str. 9, 10435 Berlin-Prenzlauer Berg*) serviert. Für den Nachmittagskaffee bietet sich eines der gemütlichen Cafés an, in denen Baristas meisterlich Kaffee zubereiten und man sich mit selbst gebackenen Kuchen, Keksen und anderen Leckereien stärken kann. Auch Veganer kommen in Berlin voll auf ihre Kosten, vom einfachen Imbiss bis zu anspruchsvollen Kreationen auf hohem Niveau, z.B. im „Lucky Leek" (*Kollwitzstr. 45, 10405 Berlin-Prenzlauer Berg*). Zurücklehnen und genießen lautet die Devise!

Five Elephant, S.074

60X60: RESTAURANTS & CAFÉS

Aram Bartholl
Künstler

In seiner Kunst geht es oft um Computer und das Internet. Aram Bartholl ist viel unterwegs auf Ausstellungen, Workshops oder Vorträgen und kehrt immer wieder gerne in seine gemütliche Berliner Wahlheimat zurück.

Companion Coffee 071

Kristín Björk Kristjánsdóttir
Komponistin

Kira Kira, so ihr Künstlername, komponiert Musik für Film, Theater, Tanz und Kunstinstallationen und dreht auch Filme. Nach über fünf Jahren in Berlin lebt sie wieder in Island.

Julio Rölle
Designer, 44flavours

Der deutsche Künstler mit französischen und belgischen Wurzeln betreibt mit seinem Freund Sebastian Bagge das Kunst- und Design-Kollektiv 44flavours.

Mörder 070

Kaffeeladen Görlitzer Bahnhof 072

Stahl R
Studio für Grafikdesign

Stahl R wurde 2012 von Tobias Röttger und Susanne Stahl gegründet. Sie entwerfen einzigartige Designs für Handelsfirmen, aber auch für Kunden aus dem Bereich Kultur.

Five Elephant 074

Anna Rose
Fotografin

Anna Rose ist Berlinerin der dritten Generation und liebt die Stadt über alles. Sie fotografiert für verschiedene deutsche und internationale Magazine.

Danae Diaz
Illustratorin & Animatorin

Diaz kam vor 12 Jahren aus Spanien nach Berlin, um ihren Abschluss an der Kunsthochschule zu machen, und hat sich in die Stadt verliebt, vor allem in Kreuzberg und Neukölln.

Gipfel 073

Café Atlantic 075

Timm Kekeritz
Gründer von Raureif

Der Berliner Interaktionsdesigner und Softwareexperte mag es am liebsten schlicht. Seine Firma Raureif hat höchst erfolgreiche Apps entwickelt, z. B. die iOS-Apps Partly Cloudy, EcoChallenge und Virtual Water.

Kochu Karu
076

Rilla Alexander
Grafikdesignerin & Illustratorin

Die gebürtige Australierin lebt seit acht Jahren in Berlin. Ihr Alter Ego namens Sozi begleitet sie jeden Tag und ist auch die Hauptfigur ihres ersten Bilderbuchs *Her Idea*.

Clärchens Ballhaus
080

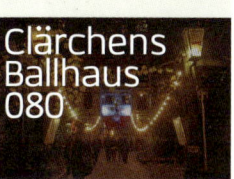

Café Lois
077

Oliver Moore
Mitgründer von SSAW Studio

Oliver Moore ist Grafikdesigner, Art-Direktor und Mitgründer von SSAW Studio, einem Studio für Grafikdesign und Kommunikation.

Himmelbeet
081

Robert G. Bartholot
Visual Artist

Robert G. Bartholot ist Fotograf und wohnt in Berlin.

Eps51
Studio für Grafikdesign

Das Team von Eps51 entwickelt visuelle Konzepte mit einem starken Fokus auf Typografie und zweisprachigem Design. Ihre Kunden kommen meist aus den Bereichen Kunst & Kultur, Mode und Design.

Lavanderia Vecchia
078

Raban Ruddigkeit
Partner bei Brousse & Ruddigkeit

Der 1968 in der Bücherstadt Leipzig geborene Raban Ruddigkeit hat Erfahrung mit Zeitschriften und Werbung und ist u. a. Herausgeber des Illustrations-Jahrbuchs *Freistil*.

Pauly Saal
082

37 Mörder
Karte D, S. 105

Postkarten und Sprüche schmücken die Tür. Drinnen sorgen Fundstücke von der Straße, die meergrünen Wände und viele liebevolle Details für eine einzigartige Atmosphäre. Um sein Leben fürchten muss man hier nicht, aber das freundliche Personal macht auf jeden Fall mordsmäßig guten Kaffee, leckere Toasts und Sandwiches zu umwerfend günstigen Preisen, und an der Theke gibt es verschiedene selbst gemachte Snacks. Vielleicht haben Sie Glück und können, während Sie Ihren Latte Macchiato genießen, eine kleine Kunstaktion miterleben.

- 8–15 Uhr (Mo–Fr), 8–17 Uhr (Mi)
- Torstr. 199 (Ecke Borsigstr.), 10115 Berlin-Mitte
- +49 (0)179 821 2526

„Bestes Café in Mitte. Seid nett zu Tönjes! Er ist mein wichtigster Ratgeber!"
– Aram Bartholl

Companion Coffee
Karte A, S.102

Die jungen Gründer und Baristas von Companion Coffee, Chris Onton und Shawn Barber, beherrschen ihr Metier und brauen erstklassigen Kaffee. Das gemütliche Café direkt neben dem VooStore (#25) serviert sechs Tage die Woche Specialty Coffee, erlesene Teesorten und diverse Backwaren und verkauft nebenbei Designermöbel von Sigurd Larsen, der auch an diesem Berlin-Reiseführer mitgeschrieben hat. Kaffeemühlen und Filter kann man hier ebenso erwerben wie frisch gerösteten Kaffee von Premiumkaffee-Spezialisten wie Johannes Bayer und Five Elephant (#41).

- 10–19 Uhr (Mo-Sa)
- Oranienstr. 24, 10999 Berlin-Kreuzberg
- info@companioncoffee.com
- www.companioncoffee.com

„Hier gibt es den leckersten Kaffe in ganz Berlin. Und mein Atelier ist ganz in der Nähe, ich muss nur die Straße überqueren – was für ein Glück!"
– Kristín Björk Kristjánsdóttir (Kira Kira)

39 Kaffeeladen Görlitzer Bahnhof
Karte A, S. 102

Lebensgroße Gemälde und eine schöne Postersammlung machen nur einen Teil der inspirierenden Atmosphäre dieses Cafés aus. Focaccia, Ciabatta, Kuchen und Kekse kommen frisch aus der eigenen Backstube, dazu gibt es Fairtrade-Kaffee aus Ecuador, Brasilien und Guatemala, der vor Ort geröstet und gemahlen wird. Auch die frisch zubereiteten, herzhaften Sandwiches sind sehr zu empfehlen!

🕐 7.30–18 Uhr (Mo–Fr), 9–18 Uhr (Sa), 10–17 Uhr (So)
🏠 Manteuffelstr. 87
10997 Berlin-Kreuzberg
📞 +49 (0)30 6954 9928
f @KaffeeladenGoerlitzerBahnhof

„Die Inhaber, Jo und Ramin, sind echt nette Leute. Bei schönem Wetter kann man draußen sitzen und das Treiben auf der Straße betrachten. Klasse Laden!"
– Julio Rölle, 44flavours

40 Gipfel
Karte A, S.102

Das kleine Lokal direkt am Görlitzer Park ist wirklich der Gipfel – und zwar im positiven Sinne! Mit seinem Holzboden, den weißen Wänden und den urigen Möbeln verbreitet das Café eine ruhige, friedliche Stimmung, die man nach einem Spaziergang durch das quirlige Kreuzberg gut gebrauchen kann. Die frühen Öffnungszeiten machen es zum idealen Frühstücks-Café, aber man kann hier auch prima zu Mittag oder (ganz früh) zu Abend essen, und das zu fairen Preisen. Im Winter kann man sich herrlich am Kamin aufwärmen.

- 9.30–17 Uhr (Do–Mo),
- Görlitzer Str. 68
  10997 Berlin-Kreuzberg
- +49 (0)30 5860 2091

„Idealer Anlaufpunkt für das Samstags- oder Sonntagsfrühstück. Man kann nicht reservieren, daher am besten schon da sein, wenn das Café öffnet."

– Stahl R

073

Five Elephant
Karte K, S. 109

Five Elephant ist nicht nur wegen seines herausragenden, frisch gerösteten, nachhaltig angebauten Premiumkaffees einen Besuch wert, sondern auch wegen des grandiosen Käsekuchens, den die Inhaber Kris Schackman und Sophie Weigensamer selbst backen. Die unabhängige Rösterei mit Café im ruhigen hinteren Teil der Reichenberger Straße in Kreuzberg zählt zu den besten der Stadt, dank Diedrich-Röster und Kaffeebohnen direkt vom Erzeuger. Falls sich nach einem Besuch im Five Elephant bei Ihnen ein Gefühl von permanenter Kaffeesehnsucht einstellt, können Sie beruhigt sein: Es gibt einen Online-Shop.

- 8.30–19 Uhr (Mo–Fr), 10– (Sa, So)
- Reichenberger Str. 101, 10999 Berlin-Kreuzberg
- +49 (0)30 9608 1527
- www.fiveelephant.com
- @FiveElephant

„Probieren Sie den Käsekuchen, unbedingt!"
– Anna Rose

 **Café Atlantic**
Karte H, S. 107

Wer gerne ausgedehnt frühstückt, sollte im Café Atlantic vorbeischauen. Besonders üppig ist das *Frühstück für Zwei*: Große Brotauswahl, Honig, Marmeladen, Nutella, gebratene Würstchen, Wurst- und Käseaufschnitt, Quark, gekochte Eier, Müsli, Joghurt, Saft, Obst und Gemüse – die ideale Basis für einen ereignisreichen Tag. Bis 17 Uhr haben Sie die Wahl und können u. a. englisch, norwegisch, italienisch, amerikanisch, französisch, dänisch oder vegetarisch frühstücken, während Sie – sofern Sie draußen einen Platz ergattert haben – das bunte Treiben im Bergmannkiez betrachten.

- 9–1.30 Uhr (tägl.)
- Bergmannstr. 100, 10961 Berlin-Kreuzberg
- +49 (0)30 691 9292
- www.cafeatlantic.de

„Das ‚Frühstück für Zwei' ist eine Wucht!"
– Danae Diaz

43 Kochu Karu
Karte D, S. 105

Dieses koreanisch-spanische Restaurant möchte die Essenz beider kulinarischer Welten verbinden. Die Küche von José Miranda Morillo und Bini Lee kreiert inspirierende Häppchen aus frischen Bio-Zutaten, in denen das spanische Tapas-Konzept mit Banchan (koreanischen Beilagen) kombiniert wird. So gibt es neben hausgemachtem Kimchi z.B. Sepia-Teigtaschen mit Mojo Verde, Tortilla mit Gochuang-Mayonnaise oder Bibimbap (koreanischer Gemüsereis). Beim allmonatlichen „SingMahl!" konzentriert sich Morillo auf die Küche, während Bini Lee die Gäste mit ihrer klassisch ausgebildeten Stimme verzaubert.

18–23.30 Uhr (Mo, Di, Do-Sa), –22.30 Uhr (So)
Eberswalder Str. 35, 10437 Berlin-Prenzlauer Berg
+49 (0)30 8093 8191
www.kochukaru.de

„Jeden ersten Donnerstag im Monat findet das ‚SingMahl!' statt: vier Gänge edle Fusionsküche, und die Chefin persönlich singt dazu Lieder und Arien."
– Timm Kekeritz, Raureif

44 Café Lois

Karte D, S. 105

In einer ruhigen Ecke der hippen, lärmenden Torstraße serviert das Café Lois tagsüber hervorragenden Kaffee zu leckeren Kuchen und Quiches, um sich abends in eine gemütliche Cocktailbar zu verwandeln. Ein Highlight und Gute-Laune-Garant ist die Tagessuppe aus saisonalen Zutaten. Bei schönem Wetter ist es schwierig, einen der begehrten Plätze draußen zu ergattern, aber auch in der Abenddämmerung lohnt der Besuch. Zum Aperitif kann man leckere Salzmandeln knabbern, die der Inhaber nach einem Familienrezept selbst röstet.

- 8–24 Uhr (Mo–Fr), 9– (Sa, So)
- Linienstr. 60, 10119 Berlin-Mitte
- +49 (0)179 704 9041
- @CafeLois

„Mit seiner entspannten Atmosphäre ist dies eines der wenigen Cafés in Mitte, wo man von morgens bis abends die Sonne genießen kann."

– Oliver Moore, SSAW Studio

45 Lavanderia Vecchia
Karte K, S. 109

Italienische Trattoria-Küche aus dem Land der Sabiner. Die ehemalige Wäscherei (daher der Name) im zweiten Hinterhof besticht durch ein einzigartiges Ambiente. Für die klassisch italienischen Gerichte werden nur frische Zutaten und bestes Olivenöl verwendet. Die Mittagskarte bietet Suppen, Salate, Pasta, Fisch und italienische Desserts, ein dreigängiges Menü gibt es ab 11 €. Abends kann man für 60 € pro Person Antipasti (bis zu zehn verschiedene), Primi, Secondi und Dolci genießen, dazu eine halbe Flasche Wein, Espresso und Digestivo.

- 12–15 Uhr, 19.30–23 Uhr (Mo–Sa)
- Flughafenstr. 46, 12053 Berlin-Neukölln
- +49 (0)30 6272 2152
- www.lavanderiavecchia.wordpress.com
- Mittags keine Reservierungen, abends nur mit Reservierung

„Super enstpannte Atmosphäre, freundliches Personal und tolle italienische Küche. Ohne Reservierung geht abends nichts!"
– Eps51

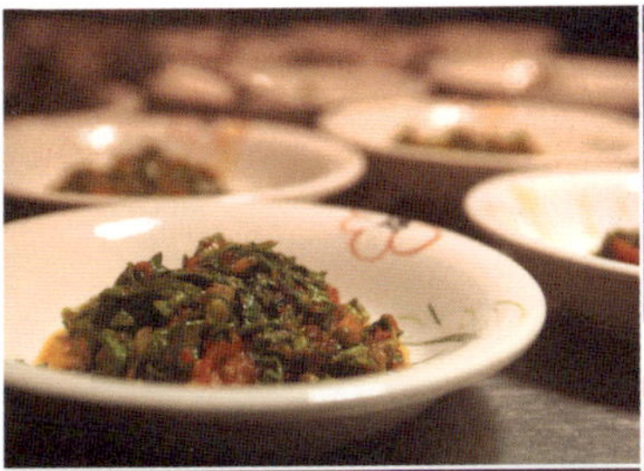

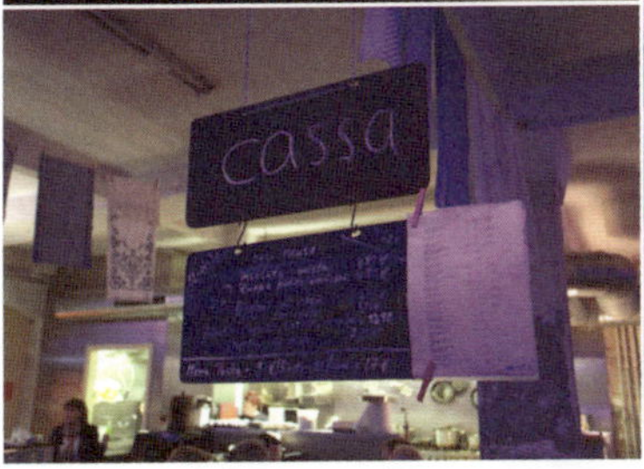
cassa

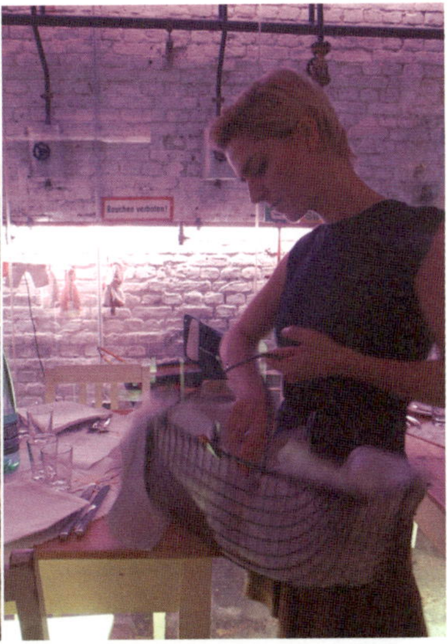
Rauchen verboten!

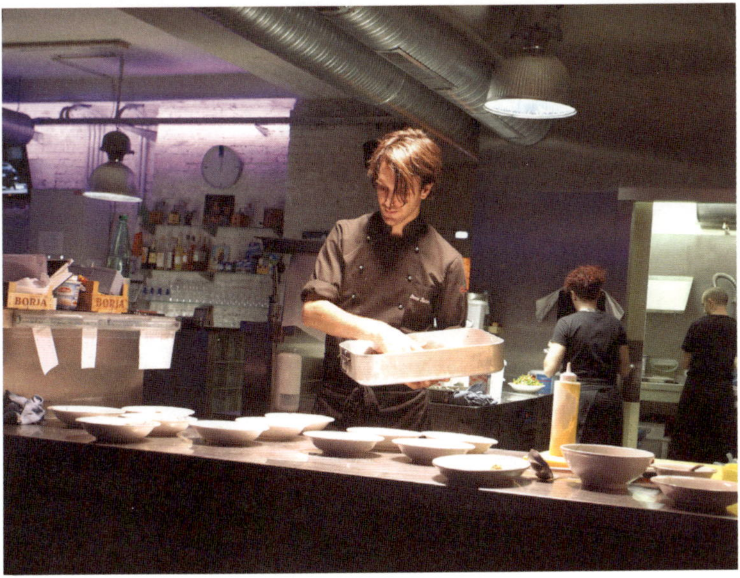
BORJA
BORJA

60X60: **RESTAURANTS & CAFÉS**

46 Clärchens Ballhaus
Karte D, S.105

Seit über 100 Jahren wird in Clärchens Ballhaus getanzt, gegessen und gefeiert. In dem Gründerzeitgebäude kann man nicht nur täglich vorzüglich speisen, sondern auch an jedem Abend der Woche tanzen, von Salsa über Swing bis Walzer & Co. Ein besonderes Highlight ist der historische, im Originalzustand erhaltene Spiegelsaal im ersten Stock, mit Stuckdecke, galanten Reliefs und natürlich den riesigen Spiegeln. Hier finden sonntags Kammermusikkonzerte statt, und an einigen Tagen ist er auch im Restaurantbetrieb geöffnet. Das alte Werbeplakat, das heute noch verwendet wird, stammt von Otto Dix (1891–1969).

- 11 Uhr bis der letzte Gast geht
- Auguststr. 24, 10117 Berlin-Mitte
- +49 (0)30 2838 5588
- www.ballhaus.de, www.spiegelsaal-berlin.de

„Clärchens Ballhaus ist für mich das echte Berlin. Und mir gefällt, dass es kein Problem ist, mit Kreditkarte zu bezahlen und sich die Rechnung zu teilen."
– Rilla Alexander

47 Himmelbeet
Karte I, S. 108

Mitten im Wedding vereint das gemeinnützige Projekt Himmelbeet seit 2013 soziale und ökologische Aspekte. Der interkulturelle Gemeinschaftsgarten betreibt ein Low-Waste-Café und lädt Berliner zum ökologischen Mitgärtnern ein. Hier werden Hochbeete gebaut, Kräuter und Gemüse angepflanzt und Bienen gehalten, Hungerattacken mit Zutaten aus eigenem Anbau gestillt und Workshops angeboten, in denen man lernt, wie man Dinge eigenhändig reparieren kann. Der Café-Blog informiert über aktuelle Veranstaltungen, wie z. B. Pizza aus dem Lehmbackofen oder das Gartendinner (immer mittwochs).

🕒 April bis Oktober. Café: 14-20 Uhr (Di-Fr), 12- (Sa, So); Garten: 12-20 Uhr (Di), 10- (Mi-So)
🏠 Ruheplatzstr. 12, 13347 Berlin-Wedding
URL himmelbeet.de
f @himmelbeet

> „Gönnen Sie sich einen Kaffee, während Sie die ländliche Atmosphäre und die Gärten genießen – eine Oase in der Großstadt."
> – Robert G. Bartholot

60X60: **RESTAURANTS & CAFÉS**

48 Pauly Saal
Karte D, S. 105

Das Restaurant im Gebäude der ehemaligen Jüdischen Mädchenschule im Herzen von Berlin-Mitte ist die richtige Adresse für ein anspruchsvolles Dinner. Küchenchef Arne Anker hat sich mit seinen raffinierten modernen Interpretationen traditioneller deutscher Gerichte einen Michelin-Stern verdient. Die enge Zusammenarbeit mit Fischern und Landwirten aus der Region garantiert hochwertige Produkte. Der acht Meter hohe Speisesaal sorgt durch besondere Details für Atmosphäre. Reservierung empfohlen!

12–14, 18–21.30 Uhr (Di–Sa); Bar: 18–2.30 Uhr
Auguststraße 11–13, 10117 Berlin-Mitte
+49 (0)30 3300 6070   paulysaal.com

„Erstklassige Restaurants sind in der deutschen Hauptstadt nach wie vor Mangelware, aber hier wird gute deutsche Küche originell verpackt. Ein Event!"
– Raban Ruddigkeit, Brousse & Ruddigkeit

Nachtleben

Wilde Partys, Musikvielfalt und Premium-Bier

Ein unspektakuläres Wort wie „Nachtleben" kann eigentlich kaum beschreiben, welche Möglichkeiten sich nach Einbruch der Dunkelheit in Berlin eröffnen. Wenn Sie Party machen wollen wie ein Berliner, können Sie von der Abenddämmerung bis mittags zu elektronischen Beats tanzen und feiern, und zwar das ganze Wochenende hindurch. Nicht umsonst gilt Berlin als eine der wichtigsten Musik-Metropolen der Welt und als Wiege des Techno. Berliner Partys sind wild und brachial, man weiß nie, was passiert, ob in verrauchten, schmutzigen Kellerlöchern oder weltberühmten Clubs wie dem Berghain (#49). Doch auch Nicht-Partygänger kommen auf ihre Kosten. Für einen entspannten, stilvollen Abend gibt es jede Menge Lokale. Oder wie wäre es mit einem Pub Crawl in der Weserstraße? Man kann auch einfach eine noble Cocktailbar (#54), Jazz-Kneipe (#52) oder Mikrobrauerei (#50) besuchen. Der liebste Zeitvertreib der Berliner ist das Abhängen vor einem „Spätkauf", kleinen Läden, die rund um die Uhr Getränke, Zigaretten, Knabberkram und vieles mehr verkaufen. Nach dem Clubbing holt man sich in einem Friedrichshainer „Späti" noch ein Bier (z. B. ein ultrabilliges „Sterni") oder eine Flasche Club Mate und pilgert zur Modersohnbrücke, um über den S-Bahn-Schienen auf den Sonnenaufgang zu warten.

Michelberger Hotel, S. 096

60X60: **NACHTLEBEN**

Sebastian Haslauer
Künstler & Illustrator

Sebastian Haslauer verlegt Kunstbücher und Fanzines und hat eine eigene Musiksendung bei „arte". Er hat Berlin-Neulingen erfolgreich Bartwuchsmittel verkauft, verlor das Geld aber beim Pferderennen. Und er kann Diabolo spielen.

Hops & Barley 089

Michael Wickert
Räuchermeister, GLUT & SPÄNE

Räuchern ist eine traditionelle Konservierungsmethode. Michael Wickert vereint altes Handwerk mit Nachhaltigkeit und moderner Küche und stellt in seiner Landräucherei GLUT & SPÄNE leckersten Räucherfisch her.

Sera Yong
Illustratorin & Grafikdesignerin

Sera Yong pendelt zwischen Berlin und Seoul. Sie hat schon für das Designstudio HORT gearbeitet, ist heute aber freiberuflich tätig, was ihr Kooperationen mit netten Leuten aus aller Welt ermöglicht.

Berghain / Panorama Bar 088

Salon zur Wilden Renate 090

Patricia Waller
Künstlerin

Alles, was sie braucht, ist eine Häkelnadel. In ihren Arbeiten vermischt Patricia Waller auf subversive, ironische Weise das Absurde mit dem Bizarren.

Jungbusch Berlin 093

Jose Romussi Murphy
Künstler

Der chilenische Autodidakt hat sich nach vielen Reisen rund um den Globus dafür entschieden, in Berlin zu leben.

Jürgen Mayer H.
Gründer von J. MAYER H.

Die Arbeiten des Gründers und Inhabers des interdisziplinären Berliner Studios J. MAYER H. sind Bestandteil zahlreicher Sammlungen, darunter des MoMA und des SFMOMA.

Yorck- schlösschen 092

Bar Tausend 094

Jens Lausenmeyer
AD von boymeetsgirl design

Der passionierte Designer und Art-Direktor lebt in Berlin. Er liebt gutes (veganes) Essen, Gin und elektronische Musik.

Michelberger Hotel
096

Georgia Hill
Typografin & Illustratorin

In ihren Arbeiten kombiniert die freiberufliche Typografin aus Sydney (Australien) kräftige Schwarz-Weiß-Texturen und Schriftzüge innerhalb experimenteller Kompositionen.

Luciano Foglia
Visual Artist

Die Ausdrucksformen des multidisziplinären Künstlers sind seit 2001 Design, Kunst und Musik. Er arbeitet als Interactive Designer und Art-Direktor.

TiER
095

Kuschlowski
098

Joy Wellboy
Musik-Duo

Das Duo Joy Wellboy stammt aus Brüssel, lebt aber derzeit in Berlin und macht Musik, Videos und Fotos.

Golden Gate
100

Stephan Hartmann
CEO & Creative Director, 908

Stephan Hartmann ist ein Familienmensch. Der Vater zweier Kinder hat eine Schwäche für Rotwein, tote französische Schriftsteller und TV-Serien – wenn auch nicht unbedingt in dieser Reihenfolge.

Michael Sontag
Modedesigner

Michael Sontag verwischt die Grenzen der Mode. Seine Kollektionen funktionieren unabhängig von typischen Modeparametern wie Saison, Trends und Alter der Kundinnen und Kunden.

Slaughter-house
099

Melloch Bar
101

60X60: NACHTLEBEN

49 Berghain / Panorama Bar
Karte A, S.102

Der riesige Techno-Tempel in einem ehemaligen Heizkraftwerk besteht aus vier Teilen: dem Berghain (der eigentliche Clubraum mit Tanzfläche), der Panorama Bar (eine blitzblanke Bar in der oberen Etage), dem Lab.Oratory (nur für Männer, im ersten Stock) und der Kantine am Berghain (der angrenzende kleinere Club). Die Architektur und Größe des Gebäudes und der eklektische Musikmix locken jedes Wochenende Scharen von Leuten an, doch die Türpolitik ist streng. Das richtige Outfit und höfliche Zurückhaltung können hilfreich sein. Größere Gruppen und Touristen haben keine Chance.

- Je nach Veranstaltung
- Am Wriezener Bahnhof
  10243 Berlin-Friedrichshain
- +49 (0)30 2936 0210
- www.berghain.de
- 18+, keine Kartenzahlung

„Hier geht es nicht um Sehen und Gesehenwerden, Plaudern und Blasphemie, Trinken oder Flirten, sondern um Tanzen, Drogen, Euphorie, Sex und Vergessen."
– Sebastian Haslauer

50 Hops & Barley
Karte A, S. 103

Berlin hat eine sehr lebendige junge Brauszene, mit vielen Klein- und Kleinstbrauereien. Die Mikrobrauerei Hops & Barley braut neben traditionellen Biersorten auch mehrere Spezialbiere und hat außerdem selbst gemachten Cider im Angebot, alles ungefiltert für den natürlichen Geschmack. Die Biere erhalten ihren besonderen Charakter z.B. durch die Verwendung von deutschem Flavour-Hopfen oder einer der fruchtigen US-Hopfensorten. Für den kleinen Hunger gibt es selbst gebackenes Treberbrot mit verschiedenen Belägen (inklusive einer veganen Variante) oder Bockwurst. Das nette Publikum gibt es gratis dazu.

- 17–2 Uhr (Mo-Fr), 15– Uhr (Sa, So)
- Wühlischstr. 22/23
- 10245 Berlin-Friedrichshain
- +49 (0)30 2936 7534
- www.hopsandbarley.eu

„Hier kann man prima Fußball schauen, dazu ein gutes Bier trinken und eine Schmalzstulle essen. Der Auftakt für eine lange Berliner Nacht!"
– Michael Wickert, GLUT & SPÄNE

60X60: NACHTLEBEN

51 Salon Zur Wilden Renate
Karte A, S. 103

Besucher des reizvoll heruntergekommenen Gebäudes, das den Salon Zur Wilden Renate beherbergt, betreten eine andere Welt. Der Elektro-Club, der unlängst sein zehnjähriges Bestehen feierte, entführt Tanzfreudige in ein Labyrinth aus wilden Kunstinstallationen und kuscheligen Rückzugsräumen. Auf drei Dancefloors finden das ganze Jahr über trashige Mottopartys statt. Im Sommer kann man in Onkel Toms Hütte im Innenhof Luft schnappen und sich auf der Schiffsschaukel austoben.

🕐 22–9 Uhr (Do), 23.55–12 Uhr (Fr), –13 Uhr (Sa)
🏠 Alt-Stralau 70, 10245 Berlin-Friedrichshain
📞 +49 (0)30 2504 1426
🔗 www.renate.cc
📎 Keine Reservierungen, keine Gästeliste

„Man fühlt sich wie auf einer großen Hausparty, wo in jedem WG-Zimmer andere Musik läuft. Eine tolle Location, auch der Garten ist echt schön gemacht."
– Sera Yong

091

52 Yorckschlösschen
Karte H, S. 107

Diese Kreuzberger Institution wurde vor mehr als 130 Jahren eröffnet. Seit über 35 Jahren wird hier regelmäßig Livemusik gespielt: Traditioneller Jazz, Blues, Swing, Funk, Soul und R&B erfüllen die gemütliche Traditionskneipe und im Sommer auch den hübschen Biergarten, für 4 bis 8 € pro Person. Für das leibliche Wohl ist gesorgt (einschließlich vegetarischer Optionen), und sonntags kann man hier zu Jazz und Blues schön brunchen – der Live-Musik-Zuschlag ist im günstigen Preis inbegriffen.

- 17–3 Uhr (tägl.), Brunch 11–15 Uhr (So)
- Yorckstr. 15, 10965 Berlin-Kreuzberg
- +49 (0)30 215 8070
- www.yorckschloesschen.de

„Hier kann man besten New-Orleans-Jazz, Soul und Blues hören."
– Patricia Waller

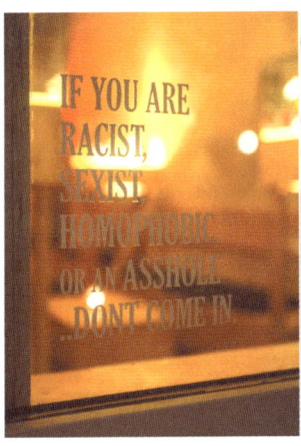

 Jungbusch Berlin
Karte K, S. 109

Jungbusch hat mehr zu bieten als Cocktails. Das von zwei gut gelaunten jungen Männern geführte Lokal ist mit kastenförmigen Möbeln Marke Eigenbau eingerichtet und bietet Raum für Kunstausstellungen und kleine Konzerte. Neben Bildern oder Fotografien ist auch Platz für die Lieblingsspielfiguren der Inhaber. Seit der Eröffnung im Frühling 2013 hat sich die Bar im Herzen Neuköllns zu einem Hort der Kreativität entwickelt. Sympathisch auch der Spruch an der Tür: Rassisten, Sexisten, Homophobe und Arschlöcher müssen draußen bleiben.

- 19 Uhr – spät in die Nacht (Mo–Sa)
- Weserstr. 16, 12047 B-Neukölln
- +49 (0)30 21 0101
- URL jungbuschberlin.de

„Nette Leute, unverkrampfter Style, gute Musik, nicht zu hip."

– Jose Romussi Murphy

 **Bar Tausend**
Karte D, S.104

Unter den S-Bahn-Bögen unweit der Haltestelle Friedrichstraße führt eine unauffällige Metalltür in eine angesagte, futuristische Cocktailbar mit 20er-Jahre-Touch. Der stylische Club mit viel Glas und Stahl wird von einem riesigen Lichttrichter erhellt und ist bei Filmemachern, Architekten, jungen Szeneleuten und Promis beliebt. Die Musik bewegt sich zwischen Ambient House, Funk, Blues und Jazz, ab 22 Uhr gibt es Live-Musik. Die „Cantina" im hinteren Teil serviert asiatisch angehauchte Fusionsküche aus Lima und Berlin (Reservierung erbeten).

🕐 ab 19.30 Uhr (Di-Sa)
🏠 Schiffbauerdamm 11
10117 Berlin-Mitte
📞 +49 (0)30 2758 2070
🔗 tausendberlin.com
🔖 18+

„Coole, stylische Bar mit den besten Cocktails, die man in Berlin-Mitte bekommen kann. Immer gut besucht."
– Jürgen Mayer H., J. MAYER H.

 TiER
Karte K, S. 109

In der an Kneipen wahrlich nicht armen Weserstraße weckt das TiER die Aufmerksamkeit des anspruchsvollen Gastes. Der für diesen Teil der Stadt ungewöhnlich stylische Laden überzeugt auch mit seiner Cocktailkarte. Der Sirup für die gelobten Mixgetränke ist selbst gemacht. Seit 2012 kommen Whisky-Kenner und Gin-Verrückte hier auf ihre Kosten und lassen sich von den wöchentlich neuen saisonalen Variationen alter Klassiker überraschen. Gruppen über sechs Personen sind im TiER nicht willkommen.

- 🕐 19–2 Uhr (tägl.)
- 🏠 Weserstr. 42, 12045 Berlin-Neukölln
- ✉ herrvontier@posteo.de
- f @TiERBAR
- 🔗 21+, keine Kartenzahlung

„Sehr nette Location mit einer guten Gin-Auswahl. Hippes, junges Publikum. Nicht vor Mitternacht hingehen!"

– Jens Lausenmeyer, boymeetsgirl design

56 Michelberger Hotel
Karte A, S. 102

Das Michelberger Hotel ist nicht nur eine Bleibe für preisbewusste Reisende, sondern auch ein fröhliches, kreatives, modernes Familienunternehmen, das seinen Gästen ein zweites Zuhause bieten möchte. Alles ist hier cool und skurril, vom kunterbunten Interieur über die Getränkekarte bis zu den ausgefallenen Schnapsflaschen. Die Honolulu-Bar betritt man durch ein riesiges Affenmaul, und ehe man sich's versieht, ist es vier Uhr morgens und der Schnaps fließt immer noch in Strömen! Im Sommer finden Partys im Innenhof statt, im Winter in der schönen Lobby.

Warschauer Str. 39/40
10243 Berlin-Friedrichshain
+49 (0)30 2977 8590
michelbergerhotel.com

„Da ich ein Jahr lang hier gearbeitet habe, bin ich ein bisschen voreingenommen ... aber das zeigt, wie sehr mir dieser Ort ans Herz gewachsen ist!"
– Georgia Hill

097

60X60: NACHTLEBEN

57 Kuschlowski
Karte K, S.109

Die von dem Möbeldesigner und Mitinhaber Daniel Neugebauer geführte Bar im Retro-Stil strahlt mit ihren farbenfrohen, handgemachten Möbeln familiäre Gemütlichkeit aus. Von den zahlreichen netten Kneipen der Weserstraße hebt sich das Kuschlowski durch seine exzellente Vodka-Auswahl ab. Zu den in erster Linie russischen, polnischen und ukrainischen Sorten werden Schnittchen oder Knabbereien gereicht, und im Winter scharen sich die Gäste um den offenen Kamin.

- 18-3 Uhr (So-Do), -5 Uhr (Fr, Sa)
- Weserstr. 202, 12047 B-Neukölln
- +49 (0)1575 439 6272
- @Kuschlowski

„Das freundliche Servicepersonal hilft Ihnen, den richtigen Vodka zu finden. Wer keinen Vodka mag, kann Flaschenbier trinken."
– Luciano Foglia

58 Slaughterhouse
Karte D, S.104

Das Beste an diesem Berliner Underground-Club ist die Vielfalt der Musikgenres, die gespielt werden: Indie, Punk, Ska, Goth Rock, 80s/90s Wave und sogar türkische Popmusik dröhnt hier aus den Boxen. Auch neue Musik kommt nicht zu kurz, und auf wilden Partys und Konzerten von angesagten DJs und befreundeten Musikern brennt die Luft. Hier standen schon Bands wie Schlechte Liebhaber und Isolation Berlin auf der Bühne. Das Slaughterhouse, ein eingetragener Verein, befindet sich im Hinterhof der Kulturfabrik Moabit.

- Je nach Veranstaltung
- Kulturfabrik Moabit, Lehrter Str. 35, 10557 Berlin-Moabit
- +49 (0)30 397 5056
- www.slaughterhouse-berlin.de

„Hier wird der Underground-Sound der 80er-Jahre kultiviert, und die Leute tanzen im Dunkeln zu New-Wave-Tracks. Von der Nebelmaschine wird ausgiebig Gebrauch gemacht!"

– Joy Wellboy

60X60: **NACHTLEBEN**

59 Golden Gate
Karte A, S. 102

Dreckig, bizarr, ekstatisch, exzentrisch, durchgeknallt, abgefahren, schrullig, bekloppt und total Banane – so lässt sich die Afterhour im Golden Gate beschreiben. In dem Club, der in einem Brückenpfeiler der Stadtbahn residiert, vermischt sich das Rattern der S-Bahn mit den Techno-House-Sounds der besten Berliner DJs. Die Marathonparty geht von Dienstagabend bis Freitagnachmittag, gefolgt von der Afterhour vom Samstag bis zum Montagmorgen.

🕐 23.59–10 Uhr (Di), –14 Uhr (Do), –10 Uhr (Fr), 10–10 Uhr (Sa), 10–22 Uhr (So)
🏠 Dircksenstr. 77 / Stadtbahnbögen, 10179 Berlin-Mitte (U8 Ausgang Schicklerstr.) 📞 +49 (0)30 5770 4278
f @goldengateberlin
💳 keine Kartenzahlung

„Die Afterhour im Golden Gate ist eine unheimliche Begegnung der dritten Art! Nix für piekfeine, verwöhnte Leute, aber ideal für die letzten zwei oder fünf Bier, bevor man umkippt."

– Stephan Hartmann, 908

60 Melloch Bar
Karte D, S.105

Stimmungsvolle 80s-Klassiker, ein exklusiver Hauslikör namens „Melloch – Halb &Halb" (eine fruchtige Mischung aus Kräuter- und Orangenlikör und Namensgeber der Bar) und ein altes Apothekenschild über der Theke – der unverwechselbare Charakter der Melloch Bar zeigt sich im behaglichen Interieur und in den Getränken. Als Nachfolgerin der NeuBar serviert die Schwester-Location der 8mm Bar bezahlbare exquisite Cocktails sowie Bier, Wein und Obstbrände von lokalen Händlern und Produzenten. So mancher Musiker oder Künstler ist hier Stammgast.

🕐 *18–2 Uhr (Di–Do), –3 Uhr (Fr); 20–3 Uhr (Sa)*
🏠 *Greifswalder Str. 218*
10405 Berlin-Prenzlauer Berg
📞 *+49 (0)30 4320 0305*
@mellochbar

„Als mein Atelier noch um die Ecke war, kam ich oft auf ein Feierabendbier her. Nette Raucherbar mit guten Drinks und entspannter Atmosphäre."

– Michael Sontag

STADTTEILKARTEN: **FRIEDRICHSHAIN, KREUZBERG, MITTE**

- 8_Caroline-von-Humboldt-Weg
- 20_St. Agnes
- 21_Revaler Straße
- 25_VooStore
- 29_Motto Berlin
- 30_Our/Berlin Destillerie
- 36_Markthalle Neun

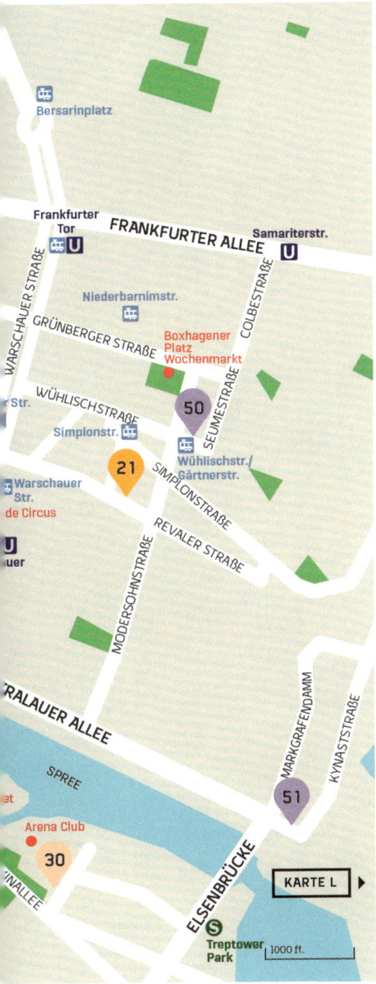

STADTTEILKARTEN: **MITTE, KREUZBERG**

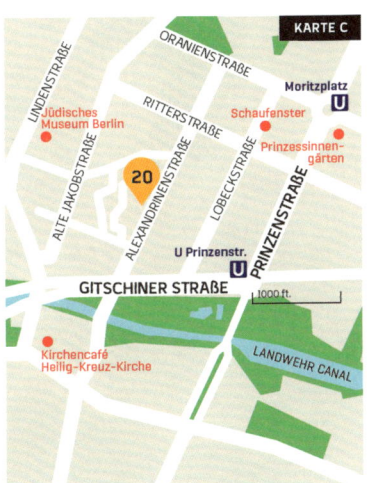

- 38_Companion Coffee
- 39_Kaffeeladen Görlitzer Bahnhof
- 40_Gipfel
- 49_Berghain/Panorama Bar
- 50_Hops & Barley
- 51_Salon Zur Wilden Renate
- 56_Michelberger Hotel
- 59_Golden Gate

STADTTEILKARTE: **MOABIT, MITTE, PRENZLAUER BERG, MUSEUMSINSEL**

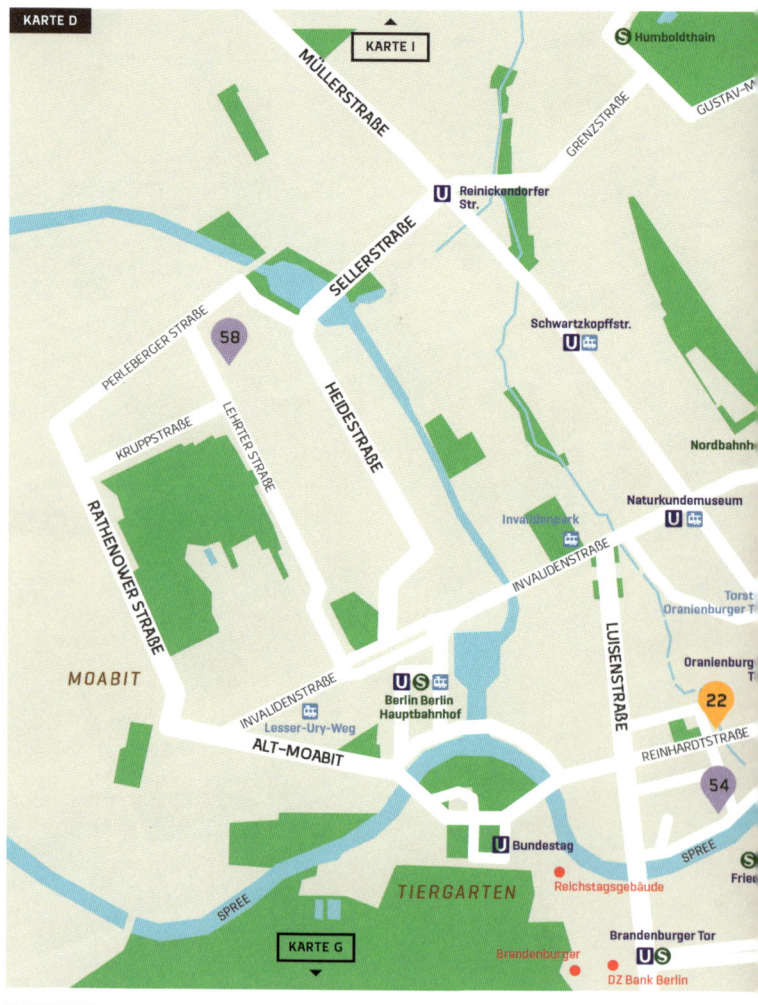

- 4_Deutsches Historisches Museum
- 13_Neues Museum
- 14_Bode-Museum
- 17_Kunstwerke Berlin
- 22_Sammlung Boros
- 23_Ehemalige Jüdische Mädchenschule
- 27_RAUM Italic (SPAZIO Corsivo)
- 32_Dudes Factory
- 34_Trödelmarkt Arkonaplatz

- 37_Mörder
- 43_Kochu Karu
- 44_Café Lois
- 46_Clärchens Ballhaus
- 48_Pauly Saal
- 54_Bar Tausend
- 58_Slaughterhouse
- 60_Melloch Bar

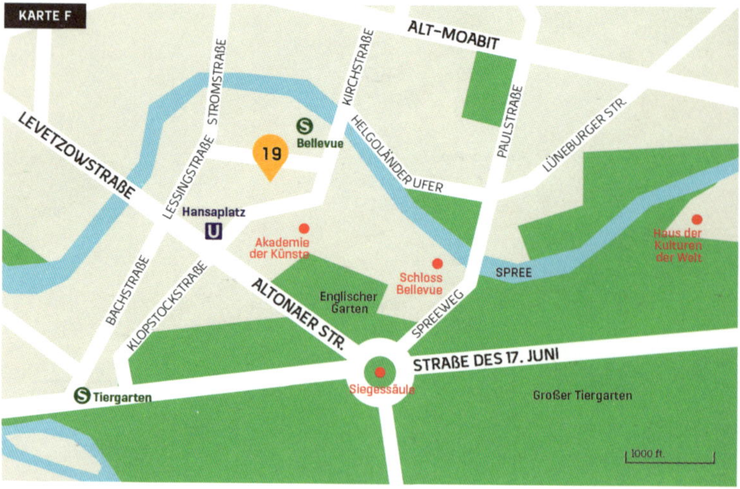

STADTTEILKARTEN: **FRIEDRICHSHAGEN, HANSAVIERTEL, TIERGARTEN**

KARTE E

KARTE F

- 19_Buchstabenmuseum
- 35_Flohmarkt Friedrichshagen

STADTTEILKARTEN: **TIERGARTEN, KREUZBERG**

KARTE G

KARTE D

TIERGARTENSTRASSE
LEIPZIGER STRASSE
KLINGELHÖFERSTRASSE
SIGISMUNDSTRASSE
Potsdamer Platz
Potsdamer Platz
REICHPIETSCHUFER
3
9
15
Neue Nationalgalerie
POTSDAMER STRASSE
STRESEMANNSTRASSE
LÜTZOWUFER
REICHPIETSCHUFER
Topographie Des Terrors
KLUCKSTRASSE
SCHÖNEBERGER UFER
Mendelssohn-Bartholdy-Park
Anhalter Bahnhof
LÜTZOWSTRASSE
FLOTTWELLSTRASSE
HALLESCHES UFER
Liquidrom
24
KURFÜRSTENSTRASSE
26
MÖCKERNSTRASSE
POHLSTRASSE
Nollendorfplatz
Kurfürstenstr.
18
Gleisdreieck

KARTE H

1000 ft.

KARTE H

MÖCKERNSTRASSE
Park Am Gleisdreieck
52
Mehringdamm
Yorckstr.
YORCKSTRASSE
YORCKSTRASSE
GROSSBEERENSTRASSE
Mustafa's Gemüse Kebab
GNEISENAUSTRASSE
16
42
Gneisenaustr.
BAUTZENER STRASSE
KREUZBERGSTRASSE
BERGMANNSTRASSE
ZOSSENSTRASSE
MEHRINGDAMM
MONUMENTENSTRASSE
Viktoriapark
KATZBACHSTRASSE
KARTE K
DUDENSTRASSE
Platz der Luftbrücke
12
TEMPELHOFER DAMM
LOEWENHARDTDAMM
BOELCKESTRASSE
7

1000 ft.

....

- 3_Bauhaus-Archiv
- 7_Tempelhofer Feld
- 9_Shell-Haus
- 12_Schwerbelastungskörper
- 15_Martin-Gropius-Bau
- 16_MD72
- 18_art berlin
- 24_Galerie Thomas Fischer
- 26_Andreas Murkudis
- 42_Café Atlantic
- 52_Yorckschlösschen

STADTTEILKARTEN: **WEDDING, GESUNDBRUNNEN, TIERGARTEN**

- 11_Berliner Unterwelten
- 31_Manufactum
- 47_Himmelbeet

STADTTEILKARTE: **NEUKÖLLN**

- 28_Süper Store
- 33_Nowkölln Flowmarkt
- 41_Five Elephant
- 45_Lavanderia Vecchia
- 53_Jungbusch Berlin
- 55_TiER
- 57_Kuschlowski

STADTTEILKARTE: **ALT-TREPTOW, PLÄNTERWALD**

- 1_Sowjetisches Ehrenmal
- 2_Spreepark
- 51_Salon Zur Wilden Renate

STADTTEILKARTEN: **WESTEND, NEUKÖLLN, GRUNEWALD**

- 5_Corbusierhaus
- 6_Gropiusstadt
- 10_Teufelsberg

Unterkunft

Hippe Hostels, schicke Apartments & noble Hotels

Auf Reisen braucht man einen guten Platz für die Nacht, um die Batterien wieder aufzuladen. Ob Backpacker oder Geschäftsreisende – unsere Tipps vereinen Topqualität und Komfort, für jedes Budget.

 < € 80   € 81–200   € 201+

Hüttenpalast

Die Zimmer, die man hier buchen kann, sind ein Wohnwagen oder eine Holzhütte in einer umgebauten Staubsaugerfabrikhalle. Wem diese Art des Indoor-Campings nicht zusagt, kann auf eines der sechs Hotelzimmer mit eigenem Bad ausweichen. Das dazugehörige Café serviert vorrangig vegetarische Bio-Kost und grenzt an einen schönen Garten mit Blumen- und Kräuterbeeten.

🏠 *Hobrechtstr. 65/66, 12047 Berlin-Neukölln*
📞 *+49 (0)30 3730 5806*
URL *www.huettenpalast.de*

Tautes Heim

Architekturliebhaber kommen hier voll auf ihre Kosten. Das sorgfältig restaurierte Reihen-Endhaus gehörte einst zur weltberühmten Hufeisensiedlung des Architekten Bruno Taut. Die originalen Armaturen, Bodenbeläge und Kachelöfen erhielten ein geschmackvolles Update im Bauhaus-Stil.

🏠 12359 Berlin-Britz
📞 +49 (0)30 6010 7193
🔗 www.tautes-heim.de

UNTERKUNFT

Hausboot „Modern Boat"

Eine Oase der Ruhe mitten in der Stadt? In Berlin ist das möglich! Dieses Hausboot in der Rummelsburger Bucht verfügt über ein großes Wohnzimmer, eine offene Küche, Badezimmer, Schlafzimmer mit Doppelbett, Zentralheizung und Kamin. Einziger Unterschied zu einem Haus an Land: der herrliche Blick auf die Bucht.

🏠 Gustav-Holzmann-Str. 10
10317 Berlin-Lichtenberg
URL Buchung: welcomebeyond.com

Linnen

🏠 Eberswalder Str. 35, 10437 Berlin-Prenzlauer Berg 📞 +49 (0)30 4737 2440
URL www.linnenberlin.com

Casa Camper Berlin

🏠 Weinmeisterstr. 1, 10178 Berlin-Mitte
📞 +49 (0)30 2000 3410
URL www.casacamper.com

Generator Hostel (Mitte)

🏠 Oranienburger Str. 65
10117 Berlin-Mitte
📞 +49 (0)30 9 2103 7680
URL generatorhostels.com

UNTERKUNFT

Gorki Apartments
🏠 Weinbergsweg 25, 10119 Berlin-Mitte
📞 +49 (0)30 4849 6480
URL www.gorkiapartments.de

Miniloft
🏠 Hessische Str. 5, 10115 Berlin-Mitte
📞 +49 (0)30 847 1090
URL www.miniloft.com

Michelberger Hotel
🏠 Warschauer Str. 39/40, 10243 Berlin-Friedrichshain
📞 +49 (0)30 2977 8590
URL www.michelbergerhotel.com

Notizen

Index

Architektur

Björn Andersson, S. 063
Linkedin: bjorncandersson

**Jürgen Mayer H.
@J. MAYER H.**, S. 094
www.jmayerh.de
Porträt von Paul Green

Sigurd Larsen, S. 044
sigurdlarsen.com

Branding & Advertising

**Jens Lausenmeyer
@boymeetsgirl**, S. 095
www.boymeetsgirl.de

Li Wolfgang Schiffer, S. 042
kytrep.com

**Raban Ruddigkeit
@Brousse & Ruddigkeit**, S. 083
brousseruddigkeit.wordpress.com
Porträt von Valentino Griscioli

Film

Ben & Julia, S. 043
www.benandjulia.com

Fotografie

Anna Rose, S. 074
www.annarosephoto.com

Daniel Bolliger, S. 026
www.danielbolligerstudio.com

Robert G. Bartholot, S. 81
www.bartholot.net

Gastronomie

**Michael Wickert
@GLUT & SPÄNE**, S. 089
www.glutundspaene.de

Nicky&Max, S. 046
nickyandmax.com

Pret A Diner, S. 017
www.koflerkompanie.com,
www.oliviasteele.com
www.pretadiner.com
Porträt von Georg Roske

Grafikdesign

**Azar Kazimir
@Michelberger Hotel**, S. 014
www.michelbergerhotel.com

Enrico Bonafede @Mjölk, S. 018
www.studiomjolk.com

Eps51, S. 078
www.eps51.com

**Fons Hickmann
@Fons Hickmann m23**, S. 053
www.fonshickmann.com

Georgia Hill, S. 096
www.georgiahill.com.au

Guillaume Kashima @ S. 060
guillaumekashima.com
www.behance.net/funnyfun
Porträt von Jose Morraja

ICE CREAM FOR FREE™, S. 024
www.icecreamforfree.com

Julio Rölle @44flavours, S. 072
www.44flavours.com
Porträt von Estelle Beauvais

Maiko Gubler, S. 038
maikogubler.com

**Oliver Moore
@SSAW Studio**, S. 077
olivermoore.de
SSAWstudio.com

**Pauline Hoch & Jon D. Sanders
@Paul Sanders**, S. 058
www.paulsanders.de

Rilla Alexander, S. 080
byrilla.com

Robert Hanson, S. 055
www.robertsamuelhanson.com

Ryu Itadani, S. 059
www.ryuitadani.com

Sera Yong, S. 090
www.serayong.com

Stahl R, S. 073
www.stahl-r.com

Studio Laucke Siebein, S. 023
www.studio-laucke-siebein.com

**Timo Gaessner
@Milieu Grotesque**, S. 047
www.milieugrotesque.com

Industriedesign

Mark Braun, S. 054
www.markbraun.org
Porträt von Mathias Ritzmann

Tino Seubert, S. 037
www.tinoseubert.com

Kunst & Illustration

Aram Bartholl, S. 070
www.datenform.de
Porträt von Eva Paulsen

Danae Diaz, S. 075
www.danaediaz.com

Eyal Burstein, S. 022
www.eyalburstein.com

Jeongmoon Choi, S. 035
www.jeongmoon.de

Jose Romussi Murphy, S. 093
www.joseromussi.com

Judith Seng, S. 056
www.judithseng.de
Portrait by Steven James Scott

Lisa Rienermann, S. 021
lisarienermann.com

Patricia Waller, S. 092
www.patriciawaller.com

Sebastian Haslauer, S. 088
sebastianhaslauer.com

Mode

Martin Niklas Wieser, S. 016
www.martinniklaswieser.com
Porträt von Daryl Natale

Michael Sontag, S. 101
www.michaelsontag.com
Porträt von Christian Schwarzenberg

Nadine Goepfert, S. 036
www.nadinegoepfert.com
Porträt von Patrick Desbrosses

Potipoti, S. 041
potipotiaccessories.com
Porträt von Chus Antón

Sissi Goetze, S. 032
www.sissigoetze.com
Porträt von Andreas Muehe

Veronika Wildgruber, S. 065
www.eyewear.veronikawildgruber.com

Multimedia

Luciano Foglia, S. 098
www.lucianofoglia.com

Stephan Hartmann @908, S. 100
www.908video.de

Timm Kekeritz @Raureif, S. 076
www.kekeritz.com

ZWEIDREI, S. 033
zweidrei.eu
Porträt von Elisabeth Lanz

Musik

A Nice Idea Every Day, S. 019
www.aniceideaeveryday.com

Jan Paul Herzer
@hands on sound, S. 015
www.hands-on-sound.com

Joy Wellboy, S. 099
FB: @joywellboy

Kristín Björk Kristjánsdóttir,
@Kira Kira, S. 071
www.kirakira.is
Porträt von Goran Vejvoda

Michael Rosen, S. 061
www.digitalinberlin.de
www.madeiradig.com
www.mmiff.com

Siriusmo, S. 064
www.facebook.com/siriusmo

Verlage

Eva Gonçalves
@Unfinished Inventory, S. 057
www.unfinishedinventory.com

Florian Bayer, S. 027
www.florianbayer.com
Porträt von Patrick Desbrosses

Bildnachweise

art berlin, S. 028, 038-039
(S. 028, 038) abc 2013 Eröffnung v. Stefan Korte; (oben) Artwork v. Michael Sailstorfer, Johann König (S. 039 im Uhrzeigersinn) Installationsansicht Solar Bell L, 2013, v. Tomás Saraceno, (Kohlefaserrohre, Solarfolie, Aluminium), 5 x 6,12 x 6,12 m (TS 065), Foto v. Esther Schipper; Installationsansicht Untitled (Monday & Tuesday), 2013, v. Eva Berendes, (Stahl, Lack) @ abc 2013, Courtesy Sommer & Kohl, Jacky Strenz, Foto v. Stefan Korte; Das gute, alte L-Thema, 2006 Maschine v. Andreas Fischer, 3 x 1 x 3,2 m, Courtesy der Künstler und Johann König, Berlin; abc 2013 Eröffnung v. Stefan Korte, Artwork von Pae White & neuerriemschneider

Bauhaus-Archiv, S. 016
(Außenansicht) Karsten Hintz, (Stuhl) Fotostudio Bartsch. Courtesy Bauhaus-Archiv Berlin

Berliner Unterwelten, S. 026
©Berliner Unterwelten e.V

Buchstabenmuseum, S. 040-041
©Buchstabenmuseum (S. 040) Marcus Hahn (S. 041 o.) Djamila Grossm (Mitte) Andrea Katheder

Ehemalige Jüdische
Mädchenschule, S. 046
(Interieur) Stefan Korte

Himmelbeet, S. 081
(Alle) Himmelbeet

Martin-Gropius-Bau, S. 034-035
(S. 034 o.) Installationsansicht v. „Tür an Tür. Polen – Deutschland" ©Jansch, 2011; (u.) Martin-Gropius-Bau, Restaurant Gropius, Buchhandlung ©Martin-Gropius-Bau, Vorbeck, 2012; Atrium, Veranstaltungseinblick ©Jansch, 2011; (S. 035 o.) Martin-Gropius-Bau Außenansicht ©Jansch, 2013 (S. 035 u.) Installationsansicht v. „Kompass. Zeichnungen aus dem Museum of Modern Art New York" ©Jansch, 2011

MD72, S. 036
(Alle) Galerie Neu

Melloch Bar, S. 101
(Alle) Melloch Bar

Michelberger Hotel, S. 096, S. 116
(Fassade) ©Michelberger Hotel

Our/Berlin Destillerie, S. 058
(Alle) Our/Berlin

Pauly Saal, S. 082-083
(Alle) Pauly Saal Berlin (S. 082 o.) Jule Müller (Mitte und u. rechts) Stefan Korte

Salon Zur Wilden Renate, S. 090-091
(Alle) ©Salon Zur Wilden Renate

St. Agnes, S. 042
©St. Agnes (Außenansicht) Ludger Paffrath; (u. links) Ausstellung Alicja Kwade, 2013; (u. rechts) Ausstellung Jeppe Hein, 2013; Foto v. Roman März

Tautes Heim, S. 113
(Alle) Ben Buschfeld

Unterkunft: alle Bilder mit freundlicher Genehmigung der jeweiligen Hotels

CITIX60

CITIx60: Berlin

Deutsche Ausgabe © 2018 Gingko Press Verlags GmbH

GINGKO PRESS

Schulterblatt 58, D-20357 Hamburg / Germany
Tel. +49(0)40-291425, Fax: +49(0)40-291055
gingkopress@t-online.de
www.gingkopress.com

ISBN 978-3-943330-13-7

Die deutsche Ausgabe von CITIx60 Berlin erscheint mit Lizenz von viction:ary.
Englische Originalausgabe © 2014 - 2018 viction workshop ltd

viction:ary

7C Seabright Plaza, 9-23 Shell Street,
North Point, Hong Kong
Url: www.victionary.com
E-Mail: we@victionary.com
- @victionworkshop
- @victionary_
- @victionworkshop

Konzept & Art Direction: Victor Cheung
Recherche & Redaktion: Queenie Ho, Caroline Kong, Xinyi Wang
Projektkoordination: Katherine Wong, Jovan Lip
Stadtplanillustration: Yige Wang
Redaktion & Aufbereitung: Elle Kwan
Stadtplanillustration für das Cover: Vesa Sammalisto
Illustrationen zu „Zähl bis 10": Guillaume Kashima alias Funny Fun
Fotografie: Vivi Abelson

Für die deutsche Ausgabe:
Übersetzung ins Deutsche: Stefanie Kuballa-Cottone
Projektkoordination: Anika Heusermann, Nicolas Weiß
Lektorat, Korrektorat: Beate Bücheleres-Rieppel, Zweite Feder - Agnes Veit
Layout, Satz: Weiß-Freiburg GmbH - Graphik & Buchgestaltung

Gedruckt und gebunden in China

Alle deutschsprachigen Rechte vorbehalten. Kein Teil dieser Publikation darf ohne schriftliche Genehmigung von GINGKO PRESS in irgendeiner Form oder über irgendwelche Medien vervielfältigt, in einem Datenabrufsystem gespeichert oder übermittelt werden, sei es elektronisch, mechanisch, durch Fotokopieren, Aufzeichnung oder irgendeine andere Art von Datenspeicherung.

Der Inhalt basiert auf Daten und Fakten, die im Dezember 2017 verfügbar waren. Reisenden wird empfohlen, sich vor Abreise oder Besuch aktuelle Information zur jeweiligen Location einzuholen.

Danksagung
Ein besonderes Dankeschön geht an alle Kreativen, FotografInnen, RedakteurInnen, ProduzentInnen, Firmen und Organisationen, die uns mit ihrem für diesen Cityguide notwendigen Wissen inspiriert haben. Ebenso an die vielen Beteiligten, deren Namen nicht genannt werden, die jedoch an der Fertigstellung des Buchs mitgewirkt haben. Wir bedanken uns für ihren Input und ihre kontinuierliche Unterstützung.

City Guides

CITIx60 bietet eine handverlesene Reihe von Hotspots, die das Lebensgefühl der aufregendsten Design-Zentren der Welt vermitteln. Dieser City-Guide zeigt, was es zu sehen gibt, und führt an Orte, die nur passionierte Insider kennen.

Jeder Band ist in enger Zusammenarbeit mit Akteuren der lokalen Kreativszene der jeweiligen Stadt entstanden – engagierte Leute aus den Bereichen Architektur, Film, Fotografie, Gastronomie, Grafikdesign, Kunst & Illustration, Mode, Multimedia, Musik, Verlagswesen und Werbung, die am Puls der Zeit sind und wissen, was wo angesagt ist. Ob Tagesausflug oder längere Reise – **CITIx60** ist ein attraktiver Ideengeber.

Die Städte:

Barcelona
Berlin
London
New York
Paris